느림의 경영

이지운

혼란의 시대, 본질을 지키는 느림의 리더십

느림의 경영

천천히 성장합시다.
그만큼 단단하게 올바른 방향으로!

작가의 말

    이 책은 모든 경영자에게 권장되는 것은 아닙니다. 경영이라는 분야에 열정을 갖고, 열정을 뒷받침할 수 있는 강한 철학적 사고를 필요로 하는 사람들에게 더 적합합니다. 다시 말하자면, 명확한 목적과 고정된 기준으로 회사를 운영하려는 사람들을 위한 것입니다. 그렇기 때문에 오로지 빠른 성장과 금전적 이익만을 추구하는 사람들에게는 이 책이 별로 도움이 되지 않을 수 있습니다. 오히려 책의 내용에 대해 반박하거나 무관심할 수도 있습니다.

    경영에 있어서 중요한 것은 속도가 아니라 방향입니다. 경영은 복잡하고 미묘한 분야로 짧게 보면 맞는 것도 길게 보면 틀리는 경우가 많습니다. 그래서 단순히 빠르게 움직이는 것보다는 올바른 방향으로 나아가는 것이 중요합니다. 이 책은 그러한 경영 철학을 가진 사람들이 자신만의 비전을 구체화하고 실현하는 데 도움을 주기 위해 나오게 되었습니다.

　　오늘날의 사업 환경에서는 성공을 빠르게 달성해야 한다는 압박이 리더를 끊임없이 따라다닙니다. 하지만 빠른 성공은 불안정한 기반 위에 세워질 위험이 크며, 이는 결국 조직의 장기적인 성장을 저해할 수 있습니다.

　　진정한 성공이란 시간을 들여 천천히, 그러나 확실히 다져진 탄탄한 기반 위에 구축되어야 합니다. 그렇기에 리더는 천천히 성장하는 것을 하나의 필수적인 철학과 전략으로 삼아야 합니다. 이것은 단순히 성장의 속도를 늦추라는 것이 아닙니다. 과욕을 버리고 무리하지 않으며 장기적인 성과를 준비하는 것을 의미합니다.

　　빠르게 달성된 성공은 방향성의 결여를 동반하기 쉽습니다. 목표를 달성하는 데만 급급하다 보면, 리더는 비즈니스의 본질을 놓치게 됩니다. 잠깐의 성공 이후에는 후속 전략이나 장기적인 목표가 없어 흔들리게 됩니다. 천천히 성장하는 리더는 자신과 조직의 성과를 더 깊이 돌아보고, 왜 이 일을 해야 하는지, 앞으로 무엇을 향해 나아가야 하는지를 분명히 정의할 수 있습니다. 이 과정에서 리더는 진정한 성장의 의미를 깨닫게 됩니다.

　성장을 위해 자신을 돌아보는 과정도 매우 중요합니다. 젊은 나이에 경제적 성취를 이룬 이들의 이야기에 부러움과 조급함을 느낄 수 있지만, 직접 겪어 보지 않은 성공은 결국 남의 이야기에 불과합니다. 사업의 성공은 주변 사람들이 만들어 주는 것이 아니라, 스스로가 꾸준히 고민하고, 명확한 방향을 찾으며, 한 걸음씩 쌓아서 이루는 것입니다. 따라서 스스로에 대한 확신과 꾸준한 진전을 위한 자세가 필요합니다. 성공을 재촉할수록 내면의 불안정만 커지고, 결국 진정한 성공을 얻기는 어려워집니다.

　천천히 성장하는 과정에서 리더는 자신만의 속도와 리듬을 찾게 됩니다. 이것은 곧 자기 확신과 내적 성장을 동반합니다. 성공은 외부의 평가가 아닌 자신의 기준에서 완성되어야 합니다. 작은 목표라도 꾸준히 달성하며 나아가다 보면, 어느 순간 조직은 자연스럽게 성장하고 있을 것입니다. 이러한 점진적인 과정은 리더에게 사업적 자신감뿐만 아니라 흔들리지 않는 내적 평정을 제공합니다.

　성공은 결국 버티고 견뎌 내는 자의 몫입니다. 현실에서 사업은 끝없는 도전과 시련의 연속입니다. 겉으로 화려해 보이는 성공의 이면에는 수많은 실패와 좌절이 숨어 있습니다. 그렇기에 천천히 성장하는 것은 이러한 실패를 받아들이고, 다시 일어

설 힘을 기르는 과정이기도 합니다. 빨리 가려는 욕심을 버리고 천천히, 그러나 꾸준히 나아가는 것이 진정한 리더의 태도입니다.

지속 가능성은 사업의 태생적 목표입니다. 이를 위해 본질에 집중하고 자신의 속도와 방향을 만들어 나갈 때, 진정한 성공과 지속 가능한 성과가 찾아옵니다. 천천히 가더라도 멈추지 않고 나아가는 리더만이 결국 진정한 정상에 오를 수 있습니다. 성장의 속도보다 중요한 것은 결국 그 성장의 단단함입니다.

천천히 성장합시다. 그만큼 단단하게 올바른 방향으로!

목차

작가의 말   4

1장
리더의 기본

Part 1 사업을 위한 기본 태도

1-1. 경영은 곧 책임   19
1-2. 사업이라는 업의 본질   21
1-3. 리더로서의 역할   23
1-4. 가장 위험한 우연한 성공   26
1-5. 실패를 기본으로   29
1-6. 시스템 구축의 자세   32
1-7. 고객은 연애하는 마음으로   35

1-8. 상품 개발에 대한 자세	38
1-9. 몰입의 중요성	41
1-10. 생존이 곧 능력	44
1-11. 리더들의 습관의 힘	46
1-12. 사업이라는 긴 여행	48

Part 2 사업을 위한 기본 기술

2-1. 회사를 운영하기 위한 key: 인사권, 재무권, 기획권	55
2-2. 리더에게 인사권은?	57
2-3. 리더에게 재무권은?	61
2-4. 리더에게 기획권은?	64
2-5. 성과를 내기 위한 key: 상품, 고객, 마케팅	67
2-6. 상품을 정의하라	70
2-7. 고객을 정의하라	72
2-8. 지속적인 '마케팅'에 대한 재정의	75
2-9. 필수 능력: 지식, 경험, 체력	77
2-10. 자신의 사업을 1분 안에 설명 가능한가?	80
2-11. 사업 계획서 작성과 활용	83
2-12. 상품 개발을 위한 시스템	86
2-13. 안정된 고객 관리 시스템 구축	89
2-14. 개인과 조직의 판매력	92
2-15. 재무제표 관리	94
2-16. 자금 차용에 대한 기준	97
2-17. 대화하는 능력	100

2장
리더의 성장

Part 3 성장을 위한 마인드 세팅

3-1. 메타인지 능력을 키워라   107
3-2. 실패는 당연, 성공은 우연, 지속은 실력   110
3-3. 부정적 태도의 긍정적 효과   112
3-4. 바쁘다는 방패막이를 버려라   114
3-5. 함부로 상상하지 말라   116
3-6. 평범, 노력, 초월   118
3-7. 시간의 개념을 바꿔라   120
3-8. 신뢰와 속도   123
3-9. 경쟁하지 말라   125
3-10. 기업의 사회적 책임과 공헌   127
3-11. 회사 자금에 대한 자세   130
3-12. 효과와 효율   132
3-13. 변화를 다루는 기술   134
3-14. 회사의 존재 가치   136
3-15. 자만심과의 지속적인 투쟁   139

Part 4 성장을 위한 기술: 전략 수립

4-1. 비전을 강화하라   145
4-2. 현재를 지키되, 미래를 도모하라   148
4-3. 바보 전략   151

4-4. 왜 잘되는지 모르면 망한다	153
4-5. 100번을 이야기할 각오	155
4-6. 성장 단계마다 필요한 능력	158
4-7. 고객이 스스로 찾아오는 마케팅	160
4-8. 입금으로 신뢰를 만들어라	164
4-9. 성장에 맞춰 간접부문 늘리기	167
4-10. 효율적인 1분 리더십	170

Part 5 성장을 위한 기술: 재무 관리

5-1. 재무를 모르면 직무 유기	175
5-2. 재무제표 관리 능력	178
5-3. 꼼꼼한 매출 관리	181
5-4. 안정적인 현금 유동성 관리	184
5-5. 이익에 대한 정확한 이해	187
5-6. 성장할수록 중요해지는 세금	189
5-7. 절약 문화	191
5-8. 재투자에 대한 개념	194
5-9. 올바른 투자를 위한 작은 실패와 큰 성공	196

Part 6 성장을 위한 기술: 팀 빌딩

6-1. 팀 빌딩을 위한 리더의 마음 자세	203
6-2. 모두 다름을 인정하는 것	206
6-3. 자립형 팀을 목표로 할 것	208
6-4. 신뢰를 바탕으로 한 리더십	210
6-5. 가장 위험한 암적 존재, 험담자들	212
6-6. 영감을 주는 리더	214

6-7. 직원 교육의 중요성	216
6-8. 중소기업에 맞는 채용 전략	218
6-9. 가장 중요한 투자처는 사람	220

Part 7 성장을 위한 기술: 위기 관리

7-1. 위험에 대한 메타인지 능력	225
7-2. 카피캣을 인정하라	228
7-3. '돈'만을 목표로 할 때 위기는 찾아온다	231
7-4. 회사 내 범죄에 대한 관리	233
7-5. 외부 전문가 협력을 통한 리더십 강화	236
7-6. 게으름을 포장하지 마라	238
7-7. 최악의 상황을 대비하라	240
7-8. 성장의 끝을 인정하라	242
7-9. 하나도 소홀히 못 한다	245

1장

리더의 기본

Part 1
사업을 위한 기본 태도

1-1.
경영은 곧 책임

회사를 만드는 것이 쉬운 세상이 되었다. 필요한 것은 약간의 의지 그리고 행정 절차에 필요한 신청서, 이렇게 단 두 개이다. 요즘은 온라인으로도 가능하니 더욱 간단해졌다고 할 수 있다. 그러나 이를 유지하는 건 완전히 다른 차원의 일이다. 많은 난관과 어려움을 이겨 내고 성장을 이룬 리더만이 칭송을 받게 된다.

경영을 한다는 것은 부족함과의 싸움이다. 경영에는 개인의 상황, 임직원들의 문제, 경제 상황 등 너무나도 많은 변수들이 동시에 존재한다. 이 많은 변수들을 안정된 범위 내로 유지시키며 일을 유지한다는 건 끊임없는 번뇌와 고통의 연속일 수밖에 없다. 단순히 '외롭다', '슬프다' 등의 말로는 표현할 수 없는 범주의 감정이 연속되는 삶이라 할 수 있다. 그렇게 어둠 속에서 계속 방황하다 보면 엄청난 부담감과 마주하게 된다. 그리고 스스로에게 묻게 된다.

'왜 내가 이런 책임까지 져야 하는 걸까?'

이 질문에 답을 하지 못한다면 결국 사업은 멈추게 될 것이다. 시장이나, 아이템 또는 일부 직원 덕에 '우연히' 잘되더라도 리더는 언젠가 만나게 될 위험과 문제를 면피할 수 없다. 결국 무한한 책임을 스스로의 어깨에 올려 둬야만 이 문제가 해결된다는 것을 깨달아야만 한다.

경영은 곧 책임이다. 사업은 끊임없이 성공 또는 실패를 반복한다. 이 작고 큰 반복의 모든 결과물이 바로 경영자의 책임이다. 직원들의 무능도, 시장의 침체도, 재무 관리도, 아이템의 부재도, 비가 오거나 눈이 와서 일을 못 하는 것조차 모두 리더의 책임이다. 리더는 모든 책임을 절실하게 느끼며 이를 개선하기 위해 꾸준히 집중해야만 한다. 그래야만 '회사의 모든 에너지가 성장을 향해 돛을 활짝 펼 수 있게 된다.'

반드시 명심하자. 이러한 강한 철학과 기준을 가진 리더야말로 진정한 사업가의 길을 갈 수 있다.

1-2.
사업이라는 업의 본질

  법인은 하나의 인격체이다. 자본주의 속에서 살아가는 전문가나 프리랜서 등과 동일한 대우를 받는 사회 활동의 주체이다. 그러니 법인은 소송을 하기도 하며, 재산을 소유하기도 하고, 폐업이라는 사망 선고를 받기도 한다. 이러한 인격체를 만들어 내고 키워 내는 것이 사업 활동이다.

  리더는 이 인격체를 책임지는 부모로서 올바른 성장 방향을 제시해야 한다. 직접 하나하나 관여하기보다 시스템을 만들고 제대로 된 원칙과 기준을 잡아 주는 것이 주된 역할이다. 때론 사업체를 돈을 버는 도구로 전락시키는 경우도 있지만, 마냥 비난할 수 없다. 목표를 정하는 건 결국 사업체를 잉태한 리더의 몫이다. 결국, 이러한 회사는 제대로 성장하지 못하고 죽어 가게 된다.

  인류 역사상 가장 훌륭한 발명품은 '조직'이라는 말이 있다. 조직은 2명 이상의 사람들로 구성되는데 개개인의 역량의 합보다 훨씬 압도적인 힘을 가지게 되는 특성이 있다. 이때 관리 체계를 통해서 조직의 효율성을 높일 수 있으며 그 관리의 핵심은 기술과 예술의 중간쯤에 존재한다.

　인격체인 법인이 하나의 조직으로 기능하면서부터는 리더의 의지만 가지고는 법인을 조절할 수 없게 된다. 다만, 조직 문화를 통해 인격체의 성격을 만들 수 있고 원칙을 통해 선택의 기준을 만들어 낼 수 있다. 이렇게 만들어진 조직의 성격과 기준이 사업체의 정체성을 만들어 간다.

　즉, 리더는 올바른 관리 기술을 바탕으로 뛰어난 조직을 만들고, 이 조직은 자본주의에서 성과를 내는 인격체 덩어리가 되는 것이다. 이 인격체는 쉽게 지치고 변심할 수 있으니, 강력한 원칙과 기준이라는 근육을 만들어, 흔들리지 않게 잡아 줘야 한다. 그리고 이 인격체가 다시 사람을 위해 일하도록 해야 한다. 여기서 지속 성장성이 결정된다.

　지속 성장성은 회사의 핵심 가치가 되어야 한다. 그러기 위해선 조직에 맞는 사람, 아이템, 시장을 찾고 기준과 원칙을 구체화하는 여행을 지속해야 한다. 이게 사업이라는 업의 본질이다.

1-3.
리더로서의 역할

    모든 회사에는 비전이 반드시 존재해야 한다. 사람에게는 삶의 이유가 있는 것처럼 회사의 존재 목적은 비전의 수립을 통해 구체화할 수 있다. 비전은 회사의 미래 모습의 구체적인 형태로서 이것을 지켜 나가는 것이 리더가 존재하는 첫 번째 이유이다. 이익과 성장성도 당연히 이뤄 내야 할 중요한 요소이지만 비전 없는 성장은 껍데기의 확대에 불과하다.

    중견기업조차도 리더의 역량이 너무나 중요하다. 리더의 말과 행동은 그 조직을 움직이는 핵심적인 운전대 역할을 하게 되며, 그 방향에 따라 회사의 모든 게 결정된다. 회사는 사회와의 관계를 제대로 수립하고, 신뢰를 형성하여, 힘을 키워 나가야 한다. 그리고 그 힘으로 사회의 일부를 책임지고, 사회에 공헌하는 역할을 하는 것이 지속적인 성장을 만들어 내는 비전이 된다.

    리더는 영업을 위해 존재하는 것인가? 아니면 자금을 관리하기 위해서 존재하는 것인가? 또는 인력을 관리하고 키우기 위해 존재해야 하는 것인가? 이것은 모두 부분적이며 또는 언젠가 놓아야 할 업무다. 분리할 수 없는 리더의 핵심 업무는 바로 비전 수립과 달성이다. 즉, 이건 리더의 존재 이유이기도 하다.

아래는 다양한 기업들의 비전들이다.

"세상의 모든 정보를 쉽게 접근하고 사용할 수 있도록 하는 것." - **Google**

"인류를 이끌어 가는 마인드를 위한 도구를 제공함으로써 세계에 기여한다." - **Apple**

"사람들을 행복하게 만들자." - **Disney**

"우리의 사명은 자연과 인간 정신을 고양하는 것이다. 한 번에 한 명의 사람, 하나의 컵, 그리고 한 사람의 이웃을."

- **Starbucks**

"수송을 물이 흐르는 것처럼 믿을 만한 것으로 만들자. 어느 곳에서나, 누구에게나." - **Uber**

세계 유수한 기업들의 비전을 보면 알 수 있듯 단기적인 이익이나 개인적인 내용은 없다. 기업은 사회 속에 존재하며 그 비전은 사회의 발전으로 귀결되는 것을 볼 수 있다. 이러한 비전의 실천은 당장 생존조차 어려운 중소기업에겐 어려울 수 있으나 회사의 성장과 함께 리더의 지속적인 노력으로 발전시켜야 할 부분이다.

리더는 조직 내에서 강력한 힘을 가지고 있다. 그 힘은 무한

하지 않고 한정적이다. 이 중요한 자원은 회사의 비전을 위해 사용해야 한다. 처음엔 어색하고 힘들며 당장의 성과를 바라는 임직원에 의해 반대될 수 있다. 때로는 무능한 리더처럼 보일 수도 있다. 그러나 올바른 비전을 수립하고 성장시키려는 리더의 노력이 지속되면 이는 조직 속에 원칙으로 자리 잡게 되고 향후에는 회사 내 자연스러운 문화로까지 성장할 수 있다.

비전은 조직이 추구하는 궁극적인 목적이 되어야 한다. 즉, '왜 조직은 존재하는가?'에 대한 가장 명확한 답이다. 비전으로 경영하라.

1-4.
가장 위험한 우연한 성공

주변 회사들이 예상치 못한 호재를 만나 잘되는 경우를 가끔 본다. 경영 능력과는 무관하게 우연한 성공은 여러 가지 기회로 만나게 된다. 중요한 건 이게 비극의 시작일 수도 있다는 점이다.

우연한 성공은 앞에서 말했던 리더의 경영 능력의 중요성과는 대조되는 개념이다. 현실의 결과는 많은 우연의 요소들이 만들어 내는 변수 덩어리다. 이 변수들은 가끔은 갑작스러운 행운을 만들어 준다. 예를 들면 특정 제품의 매출이 크게 발생하거나 큰 입찰에 선정되거나 또는 투자를 받는 일이 되겠다.

이러한 행운은 단기적으로 회사에 큰 도움을 준다. 자금, 마케팅, 구인 등에 도움이 된다. 그러나 장기적으론 그렇지 않다. 경험이 부족한 리더는 이 행운을 실력으로 오해하고 무리한 투자를 진행하거나 또는 추가적인 노력을 하지 않고 현재를 유지하는 결정을 하게 된다. 이러한 행동은 우연한 성공이 지속될 거라는 막연한 기대감에서 시작된다. 이후 몇 년 지나서는 잘나가던 회사들이 소리 소문 없이 없어지는 비극을 보게 된다. 이때 인터뷰를 통해 리더에게 가장 많이 듣는 이야기가 "그때 잘된 것이 내 실력인 줄 알았었다."라는 말이다.

리더는 이 변수를 조절하는 힘이 필요하다. 그런데 우연한 성공은 변수를 제대로 보게 하는 눈을 가리는 최악의 변수 중 하나이다.

만약 사업을 단기간 내 마무리를 하고 끝내야 하는 상황이라면 우연한 성공이든 뭐든 간에 돈을 많이 버는 게 더 중요할 수도 있다. 결국 이런 결정을 내리는 것은 시간의 문제로 귀결된다. 동일한 경영의 요소들도 시간에 의해 그 의미나 효과가 달라진다. 우리가 일반적으로 이야기하는 진정한 성공은 시간의 변화에 따른 흔들림 없이 지속성을 띠어야 한다.

꾸준히 발생하는 예측 불허한 변수들이 있기에 이 성공을 유지하기란 보통 어려운 게 아니다. 그래서 리더는 변수에서 발생하는 성공과 실패들을 교훈 삼아 '변수 조절 능력'을 가지게 된다. 이건 절대 책이나 영상, 또는 조언으로 배울 수 있는 게 아니다. 오직 성공과 실패의 경험만이 유일한 답이다. 그렇기에 오래 걸릴 수밖에 없다. 그런데 이런 과정을 모두 생략한 채 '우연한 성공'을 해 버린다면 그 모든 능력을 얻지 못한 채 우연히 이룬 것을 지켜 내기 위해 고군분투를 하게 될 것이다.

대부분의 성공은 우연히 이루어진다. 이 책에서 정의하고 있는 '진정한 성공'은 일시적인 모습이 아니라 적어도 10년이라는 시간 속에 변수라는 요소를 넣어 만들어진 수많은 시행착오를 가진 결과를 의미한다. 그 시행착오를 겪으며 만들어진 '변수 조절 능력'을 통해 우연히 만나는 성공을 지속할 수 있게 된다. 그것이 진정한 성공이다.

리더는 일이 잘될수록 불안해야 한다. '왜 잘되는지?'를 알아내야 하고 핵심 요소를 찾아내야만 한다. 그 요소에 회사의 리소스를 집중 투자 해서 회사의 재산으로 만들어야 한다. 그래야 지속 성장성이 생기게 된다. 이걸 계속하게 되면 회사의 안정성은 높아지게 되는 것이다.

1-5.
실패를 기본으로

보통 리더들은 그들 나름대로 철저히 준비한 사업 계획을 바탕으로 신사업과 신상품을 출시한다. 모두 잘될 것을 기준으로 생각한다. 그러나 10개 중 1, 2개 정도만 대박이 나도 훌륭한 성적이다. 이 말은 즉, 대부분 실패하게 된다는 것이다. 그럼 실패는 성공으로 가기 위해 어쩔 수 없이 거쳐야 하는 부정적인 과정인 것인가? 절대 그렇지 않다.

리더는 사업이라는 장기적 게임에서 이기기 위해 판단력을 키우는 게 가장 중요하다. 하루에도 수십 번을 판단해야 하고 그 판단들이 모여 회사를 성공이나 실패로 이끌게 된다. 그런데 실패를 경험하지 않고선 도통 판단력이 생기지 않는다. 그러니 리더가 직접 경험하는 많은 실패들은 얼마나 귀한 데이터인가? 이 데이터를 분석해서 리스크가 적은 쪽으로 판단을 해 나가야 한다.

또한 직원들이 실패를 경험하는 경우는 절대 놓치지 말아야 하는 최고의 교육 타이밍이다. 특히나 임원 등 리더급의 실수는 타격도 크니, 더욱 교육이 잘된다. 실패 전에는 여러 번 강조해서 이야기해도 듣지 않던 임직원들이 실패 이후에는 쉽게 수용하는 모습을 볼 수 있다. 실패의 경험은 담당자에게 뼈에 사무칠 정도로 자존심에 타격을 줄 것이다. 그러니 다신 그 실수를 반복하지 않으려 노력하게 된다. 실패의 경험을 오롯이 임직원들이 경험해야 하는 이유가 여기에 있다. 이걸 교육비로 환산하면 수천만 원 이상의 가치가 있을 것이다. 절대 해서는 안 되는 것은 실패 후 감정적으로 혼내는 것이다. 혼을 내서 좋을 건 하나도 없다. 오히려 실패 요소를 숨기게 되고 그 부분은 내부에서 썩어 결국 암적 요소가 된다. 실패를 숨기지 않고 해결 방법을 스스로 찾은 후 그 방법을 개념화하는 문화를 만들려면 실패는 독려되어야 한다.

리더는 아래와 같은 기준으로 생각해야 한다.

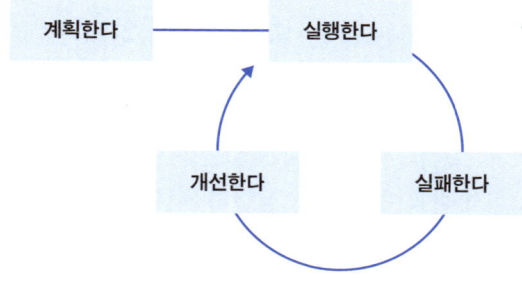

이 표에선 성공이란 단어는 없다. 프로세스를 꾸준히 반복하다 보면 우연히 성공의 요소가 나오게 된다. 그 요소에 리소스를 집중해서 개념화하고 회사의 시스템으로 안착시키면 된다.

성공하는 사람들은 이 순환을 반복할 뿐이다. 애초에 지름길을 찾지 않는다. 그저 저 순환의 속도를 높이고 지치지 않는 힘을 기르는 데 집중한다. 따라서 리더는 회사가 지름길이 아니라 실패의 순환에 집중하도록 해야 하고, 지치지 않는 에너지를 회사에 불어넣어야 한다. 그리고 그 어느 회사보다 좌우로 길을 헤매다 갈 것이라고 말해야 한다.

너무 완벽하게 계획하지 말고, 우선 시행하라. 실패에서 성공 방법을 배워야 한다.

1-6.
시스템 구축의 자세

리더가 회사의 다양한 요소를 관리하기 위해서는 반드시 안정적인 시스템을 필요로 한다. 그런데 회사에 딱 맞는 적합한 시스템을 만든다는 건 생각보다 어려운 과정을 거친다.

시스템의 구축은 보통 아래의 순서대로 진행된다.

1. 반복되는 현상에 대한 문제 인식
2. 이 현상을 통제하기 위한 시스템에 대한 부재를 인식
3. 관리를 통해 얻게 될 정확한 목적 수립
4. 관리해야 될 내용들에 대한 구체화
5. 관리하기 위한 tool(도구) 결정
6. 적용 및 피드백

세상에 이미 나와 있는 많은 도구들이 있다. 전자 결재, 협

업, 고객 관리를 위한 다양한 툴들이 존재하고 이 도구들을 사용하여 회사의 생산성을 높여 나갈 수 있다. 그러나 이 도구들은 범용적인 요소를 관리하는 데에 효과가 있다는 한계점이 있다.

중요한 건 우리 회사만의 중요한 문제를 딱 맞게 관리할 툴은 없다는 것이다. 그래서 개념 수립과 정의가 중요하다. 이걸 통해 우리에게 맞는 시스템을 직접 구축하거나 또는 기존의 툴을 여러 개 합쳐서 사용할 수도 있는 것이다. 이 과정을 통해 사업을 더욱 안정적으로 관리할 방법을 찾는 것이 중요하다.

리더는 늘 시스템 구축에 집중하고 있어야 한다. 현재의 시스템에 대해 최선을 다하면서도 늘 불만, 짜증과 함께 개선 의지를 가져야 한다. 회사는 지속적으로 변화하는 생물체와 같아서 동일한 시스템으로 유지할 수 없기 때문이다. 이걸 인정하고 지속적으로 개선하려는 노력을 해야 그다음 변화를 대비할 수 있다.

우물에서 물을 뜨는 두 조직을 예로 들어 보자. 어떤 조직은 각자 작은 바가지로 물을 떠서 하나씩 옮길 것이고 또 다른 조직은 협업을 통해 물을 큰 바가지로 떠서 전달하는 방식으로 옮길 것이다. 이 두 조직의 차이는 협업 시스템이다. 처음엔 물을 옮기는 그 자체만으로 가치가 있었겠으나 시간이 지나면 경쟁자가 금방 등장하게 된다. 그럼 생산성의 향상이 필수적인데 여기에서 협업은 중요한 요소가 된다는 것이다.

리더는 물을 지속적으로 뜨게 할 방법을 찾아야 하고, 담당자를 효율적으로 관리할 시스템을 구축해야 한다. 이러한 원칙에 집중하면 효율성은 극대화된다. 그것이 리더의 일이다.

1-7.
고객은 연애하는 마음으로

보통 연애를 한다고 생각하면 설렘을 가지고 상대를 위해 뭘 해 줄 수 있을지 고민하게 된다. 물론 내가 원하는 것을 요구하고 들어주지 않으면 화를 낼 수도 있겠지만 갈등이 깊어질수록 연애의 지속성은 약해진다. 영업도 이와 마찬가지다. 알게 된 지 얼마 되지 않은 고객에게 급하게 계약을 요구하게 된다면 그 관계는 지속적일 수 없다. 영업은 곧 사람을 얻는 과정이다. 그렇기 때문에 연애의 과정과 흡사하다.

이를 '고객형성의 단계'라고 정의할 수 있다.

단계는 총 여섯 가지를 가진다.

---

1. 서로 모르는 '무지 상태'
2. 상대의 존재를 인식하는 '인지 상태'
3. 상대에 관심을 가지는 '흥미 상태'
4. 업무적으로 관계를 맺을지 고민하는 '검토 상태'

5. 계약을 진행하는 '계약 상태'
6. 재구매가 발생하는 '단골 상태'

위의 단계는 아무래도 B2B(Business to Business), B2G(Business to Government) 사업에 많이 해당되는 개념이다. 소수의 고객(기업 및 관공서 담당자)이 큰 매출을 결정하게 되는 사업 분야이니 말이다. 그러나 넓게 보면 모든 비즈니스에 포함된다. 온라인 쇼핑몰을 하더라도 CRM(Customer Relation Management: 고객관계관리)의 관점에서 위의 단계를 기준으로 시스템을 구축한다.

리더는 단계 개념을 정확히 숙지해야 한다. 처음에는 리더가 해야 되지만 회사의 성장에 따라 직원들의 역할이 된다. 이때 단계를 잘 진행하는지 검토해야 한다. 각 단계별로 대응하는 방법도 다르다. 그냥 접근하기보다, 각 단계별로 적절한 대응방법을 구체화하는 것이 회사의 영업력을 키우는 것이다.

구체화된 방법론에 따라 각 직원들은 고객 관리 표에 진행 사항을 기입하고 관리할 수 있게 해야 한다. 동시에 리더는 이 내용을 수시로 확인할 수 있어야 한다. 이건 지적과 꾸중을 위한 것이 아니라 각 단계에서 어려움을 겪는 직원을 돕기 위한 전략이다. 마치 연애 코치가 연애를 가르치듯 영업에 미숙한 담당자들의 능력을 키워 줘야 한다. 또한 고객 정보를 회사의 자산으로 제대로 확보하는 시스템이기도 하다.

　　기존의 고객들과는 친숙한 연인이 되어 서로의 신뢰를 두텁게 만들어야 하며, 새롭게 유입되는 고객들에게는 친절하게 각 단계를 인도해야 한다. 힘들고도 지겨운 업무를 평온하게 반복하는 힘이 진정한 고객 관리의 능력이라 할 수 있다.

1-8.
상품 개발에 대한 자세

많은 리더들은 상품 개발에 노력을 기울인다. 회사의 성장을 위해 상품 개발이 절실할 때가 있다. 그 절실함은 조급함으로 나타나며 반드시 성공할 거라는 기대감을 가지고 많은 돈과 시간을 투자하게 된다. 하지만 대부분의 첫 번째 상품 개발은 실패하게 된다. 실패하는 원인은 아래와 같다.

첫 번째로 아직 성공을 경험하지 않은 경우에는 시장성을 제대로 보지 못하는 것이 문제다. 내가 필요할 것 같아서 만드는 게 아니라 시장이 원하는 것을 제공하는 데에 집중해야 된다. 이를 위해선 시장 분석 능력이 필요하다. '감'이 아니라 정확한 '데이터'가 필요하고, 데이터는 포털 사이트(구글, 네이버 등)를 활용하면 충분히 확보할 수 있다. 온라인 쇼핑몰 사업일 경우에는 더욱 그러하다. 검색량, 판매 상품 수, 판매자 수, 다양한 언론 보도 및 사회적 지표 등 많은 데이터를 모아서 수요와 공급을 분석해야 한다. 수요가 많고 공급이 적은 시장은 기회가 될 것이다. 물론, 세상에 똑똑하고 부지런한 사람들이 많아서 이러한 제품군을 찾는 것은 하늘의 별 따기 같지만, 변화하는 세상 속에서 반드시 기회는 온다. 그래서 리더는 여기에 집중하고 있어야 한다.

두 번째로 이미 성공을 맛본 사람들은 아래와 같은 문제점을 겪는다.

1) 우연한 성공 이후 다른 제품도 잘될 것이라는 막연한 기대감이다. 대부분의 리더들은 여기에서 실패의 길로 가게 된다. 앞에서 언급한 대로 우연한 성공에 의해 자신의 능력을 착각하고 스스로의 장단점을 충분히 파악하지 못한 채 잘못된 판단을 하게 된다. 그래서 이 우연한 성공을 지속하고 더욱 돈을 벌기 위해 무리한 수준까지 시간과 돈을 투자하게 된다. 내가 잘하는 분야에서 감당할 수 있는 수준으로 사업을 진행하게 되면 실패를 하더라도 경험을 남기고 다시 시작할 수 있다. 그러나 내가 잘 모르는 분야에 무리한 시간과 돈을 쓰게 되면 의미 없는 경험과 함께 지속할 힘을 모두 잃게 된다.

2) 유사한 제품을 참고하여 패스트 팔로워(Fast follower) 전략을 사용한다. 이건 절반만 맞는 말이다. 판매가 잘되고 있다는 건 시장에서 인정받고 있다는 의미이며 가격, 마케팅 등 전략을 잘 수립하여 수행하였다고 볼 수 있다. 또한 기존의 고객을 활용해서 판매하면 더욱 빠르게 매출을 끌어올릴 수 있다. 그러나 제품군이 유사하다고 각 제품들의 판매 시에 동

일한 전략이 통하는 건 아니다. 미묘한 다름을 반드시 인지하고 완벽하게 새로운 제품을 대하듯 가격, 마케팅, 타깃 고객 등을 새롭게 정의하는 것이 중요하다.

요약하면, 첫째, 내가 잘 아는 분야에서, 둘째, 감당할 수 있는 돈과 시간 내에서, 셋째, '가격, 마케팅, 타깃 고객'을 구체화하여, 넷째, 작은 실패를 반복하면서 경험을 쌓는 것이 핵심이다. 이 반복 속에서 '우연한 성공'을 만나게 되며 이 기회를 절대 놓치지 않고 집중 투자 하여 스케일 업을 해내야 한다. 이 행동을 반복하게 되면 어느덧 높은 매출과 뛰어난 혜안을 가지게 된다. 이 방법이 지속 성장성을 위한 상품 개발의 자세이다.

1-9.
몰입의 중요성

　조직을 운영하는 모든 리더들은 크고 작은 문제들을 마주하게 되고 이 문제들을 해결하는 데 많은 시간을 소비한다. 그래서 대부분의 리더들은 바쁘다. 식사를 거르는 건 일반적이고 잠도 줄여 가면서 일을 한다. 그렇게 시간을 보내다 보면 무언가에 집중할 수 있는 시간은 거의 없다. 그래서 리더에게는 몰입이 필요하다.

　우선 몰입의 사전적 의미를 살펴보자. 표준국어대사전에 따르면, 몰입(沒入)은 어떤 대상에 '깊이 파고들거나 빠짐'을 의미한다. 몰입을 위해서는 주의가 집중되어야 하니 다른 것들에 대한 관심을 줄일 수 있는 상황이 필요하다. 즉, 바쁜 와중에서는 몰입이 절대 불가능하다는 것을 알 수 있다. 누군가는 멀티태스킹을 자랑스럽게 이야기할 수 있지만, 몰입에 있어서는 최악의 업무 방식이다. 물론 리더들이 동시에 발생하는 다양한 일들을 처리하기 위해선 멀티태스킹 능력이 필요하다는 것을 부인할 수 없다. 그러나 이 습관이 관성처럼 계속 남아 있으면 반대로 몰입의 능력은 사라진다.

대부분 경영에서 필요한 답은 몰입을 통해 찾는다. 전체를 가장 잘 보는 사람은 리더이므로 리더가 몰입하여 현재의 문제점을 판단하고 그 답을 찾기 위한 전략을 세워야 한다. 물론 초기 기획을 임직원들에게 전달하여 구체화하고 전략 수립을 하는 것은 분명 필요한 일이다. 그러나 초기 문제점 인식과 핵심 방향성은 반드시 리더의 몰입을 통한 결정이어야 한다. 몰입하지 못하고 급한 일처리에 급급하면 중요한 결정을 부화뇌동하여 결정하게 되고 그것은 실패의 원인이 된다.

리더가 그 자리를 지킬 수 있는 건 '리더'이기 때문이 아니라 제시한 방향이 맞기 때문이다. 임직원들은 모두 리더의 능력을 지켜보고 있고, 실무자로서 느끼는 내용과 일치하는 동시에 본인의 고민까지 풀어 주는 방향성을 제시할 때 진정한 존경심이 생긴다. 이 방향성을 도출하기 위해선 몰입이 필요하다.

그러면 이쯤 되면 리더들은 억울해진다. 도대체 몰입의 시간은 언제 가지라는 것인가 따지고 싶어진다. 이건 각자의 몫이겠지만 아무리 힘들어도 하루에 2시간은 확보해야 한다. 새벽이나 야간 시간을 활용해서라도 하루를 돌아보고 각 문제점을 파악하면서 몰입의 시간을 가져야 한다. 그리고 회사가 발전하면서 나의 일을 임직원들에게 위임하여 물리적 시간을 많이 확보해야 한다. 회사가 성장할수록 리더는 몰입의 시간을 확보하기 어려워지니 미리 업무를 위임하고 시스템을 개선해 나가야 한다.

몰입을 하기 위한 방법은 다양하다. 명상, 브레인스토밍, 글쓰기, 독서 등이 몰입을 위한 도구가 된다. 회사 내에 다양한 문제점들이 머릿속 여기저기에 흩어져 있기 때문에 하나의 종이 위에 모아야 한다. 그리고 각 문제점들을 글로 작성하면서 구체화시키면서 범주화하여 정리가 되는 듯한 느낌을 받을 것이다. 이러한 과정을 통해 몰입은 여러 가지 문제로 혼란스러운 머리를 가볍게 하고 방향성과 해결책을 찾게 한다. 처음엔 가볍게 A4 용지로 시작하고 차츰 고도화하여 각 카테고리별로 노트를 보유하는 것을 추천한다.

혼자만의 시간을 가져라. 기업의 초기 성장에 단순한 사교 모임은 사치다.

1-10.
생존이 곧 능력

  대부분의 리더들은 사업을 시작한 뒤에 빠르게 잘되고 싶어 한다. 당연한 마음이다. 돈과 시간을 투자하고 있으니 매출과 이익이라는 결과로 얼른 보답받기를 바란다. 그러다 보면 기대심은 커지고 조급함이 생기기 마련이다. 결국 충분히 사업화가 되기도 전에 제풀에 지치게 될 확률이 그만큼 커진다. 차분하게 진행하면서 회사를 키워 나가면 이룰 것도, 스스로 망가뜨리는 일이 비일비재한 이유이다.

  자본력과 기회가 충분한 대기업과 중견기업의 경우 웬만한 위기에서도 버틴다. 성장의 경험은 더욱 강력한 펀더멘털을 만들었고 뛰어난 현금 유동성까지 있으니 중소기업과는 비교할 수 없는 힘이 있다고 볼 수 있다. 중소기업들은 지속적인 성장을 바라고 혁신과 창의를 중심으로 하루하루 변화를 모색하고 있다. 대기업과 중견기업의 사례들을 접하다 보면 멈춰 있는 듯한 느낌에 중소기업 리더들은 조급해지기 마련이다.

  중소기업은 생존 자체가 미션이다. 실제로 창업 후 3년 내 60%가 폐업하고 있으니 실제로는 더욱 냉혹할 것이다. 따라서 성장을 도모하기 전에 생존 능력을 충분히 키워 내야 한다. 그럼 생존 능력에서 가장 중요한 것은 무엇일까? 바로 현금 흐름이다. 현금만큼 명확하고 교환성이 높은 자원은 없다. 법인이 인격체라면 현금은 피와 같다. 덩치가 아무리 크고 성장성이 좋아도 현금이 막히면 흑자 도산의 위기에 빠지게 된다. 그러므로 현금에 집착해야 한다. 초기 예금 잔고를 월 고정비의 최소 3개월 이상 보유하고 있어야 하고, 규모가 커지는 경우 적어도 1년은 거뜬히 버틸 현금 보유를 목표로 하면 좋다. 대출 비율이 다소 높더라도 현금 보유가 더욱 가치 있다.

생존이 보장된 이후 철저한 '포지셔닝' 전략이 필요하다. 최근 수요가 다양해지면서 큰 회사가 빠르게 진입하기 어려운 분야들이 늘어나고 있고, 사업 기획도 많아지고 있다. 이 말은 명확한 상품과 고객층에 집중하여 마케팅한다면 승산이 있다는 뜻이다. 경쟁이 적은 곳에서 사업 기회를 만들어 가는 데 집중해야 한다. 특히 큰 기업과의 경쟁은 절대 피해야 한다. 중소기업으로 누릴 수 있는 작은 틈새의 날카로움을 지향하라.

현금 확보와 현명한 포지셔닝이 중소기업의 생존 비법임을 잊으면 안 된다.

1-11.
리더들의 습관의 힘

리더들은 자신의 조직을 이끄는 데 있어 많은 역할과 책임을 가지고 산다. 리더는 방향과 비전을 제시해야 하고, 조직 내부의 인력과 자원을 조절하여 성과를 도출해 내야 한다. 그렇기 때문에 늘 시간과 에너지가 부족하다. 결국 업무 외 일상적인 부분에서 시간과 에너지를 줄여야 한다. 어떤 방법이 있을까?

우리 뇌에는 결정이라는 행위를 할 때 기능하는 '전두엽'이라는 부분이 있다. 단순히 일상생활에서 어떤 옷을 입을지부터 경영에서의 중요한 결정까지 모두 이 부분을 필요로 한다. 그런데 이 전두엽의 에너지는 한계가 있으니 경영에서 최선의 결정 능력을 발휘하기 위해선 불필요한 에너지를 줄이는 게 중요하다. 불필요한 에너지를 줄이는 습관을 들이자.

습관은 형성될 때까지가 힘들다. 처음에는 반복적인 노력이 필요하지만, 일정한 시간이 지나면 대뇌의 기저핵에 자동적으로 실행하는 뇌 회로를 형성한다. 이후에는 행동이 노력 없이 자동으로 실행이 되는 것이다. 아무 생각 없이도 무엇인가를 하고 있다면 그게 바로 습관이다.

처음에는 귀찮은 것들을 습관으로 만드는 것이 좋다. 아침에 일어나서 운동을 하거나 어떤 옷을 입을지 고민하는 모든 것들이다. 그리고 이후에는 리더에게 도움이 되는 행동들을 습관화하기 위해 노력해야 한다. 주로 학습하고 연구하고 회의하는 등 일에 관련된 것들이다. 이 모든 것을 크게 뇌를 쓰지 않고 '그냥 한다'의 경지를 유지한다면 상당히 효율적인 삶을 살 수 있다. 이러한 행동의 자동화는 리더들에게는 최고의 기술이라 생각한다.

리더들의 습관은 조직 내의 구성원들에게 영향을 미치며, 조직의 성과에도 큰 영향을 미친다. 예를 들어, 리더들이 조직 내의 인력과 자원을 효율적으로 활용하는 습관을 가지고 있다면, 구성원들도 이를 따라가게 되어 조직의 성과를 높일 수 있다. 또한, 일관성 있는 업무 처리 습관을 가지고 있다면, 구성원들은 리더를 신뢰하게 되며, 조직 내부의 협업과 커뮤니케이션에도 도움이 될 수 있다.

결국 리더의 성장이란 올바른 습관을 몸에 장착해 나가는 과정이라 본다.

1-12.
사업이라는 긴 여행

사업은 단거리 경주가 아니라, 마라톤과도 같은 긴 여행이다. 이 긴 여정을 성공적으로 완주하기 위해 리더는 단기적인 성과에 매몰되지 않고, 지속 가능성을 유지할 수 있는 전략과 태도를 가져야 한다. 단기적인 성공은 중요하지만, 사업의 진정한 목표는 꾸준히 성장하고 변화를 극복하며 장기적으로 가치를 창출하는 데 있다.

긴 여행을 준비하려면 먼저 첫 번째로 명확한 비전이 필요하다. 비전은 리더와 조직이 가야 할 방향을 설정해 준다. 비전이 없다면, 리더와 팀원들은 목표를 잃고 혼란에 빠지기 쉽다. 이 비전은 단순히 추상적인 목표가 아니라, 명확한 행동 계획과 단계로 구체화되어야 한다. 또한, 비전은 변화하는 환경에 따라 유연하게 조정될 수 있어야 한다.

두 번째로 중요한 것은 지속 가능한 페이스를 유지하는 것이다. 마라톤에서 처음부터 전속력으로 달리는 것은 금방 탈진으로 이어질 뿐이다. 사업도 마찬가지다. 과도한 확장이나 무리한 투자로 인해 자금과 에너지를 소진하는 일이 없도록 해야 한다. 대신, 꾸준히 유지할 수 있는 속도로 운영하며, 필요할 때 속도를 조절하는 것이 중요하다. 리더는 자신뿐만 아니라 팀원들의 업무 강도와 스트레스 수준도 지속적으로 점검해야 한다.

세 번째로, 동료와의 협력을 잊지 말아야 한다. 사업은 혼자 하는 것이 아니다. 신뢰할 수 있는 파트너, 열정적인 팀원 그리고 멘토 같은 지원 시스템은 사업의 긴 여정을 견뎌 내는 데 필수적이다. 리더는 팀원들과의 소통을 통해 공동의 목표를 확인하고, 서로의 역할을 명확히 하며 협력의 기반을 다져야 한다. 또한, 외부 파트너와의 협업을 통해 새로운 기회를 모색할 수도 있다.

마지막으로, 장기적인 관점에서의 성공을 정의해야 한다. 단순히 매출과 이익의 증가를 넘어, 고객의 신뢰를 얻고 사회에 긍정적인 영향을 미치는 것을 목표로 삼아야 한다. 이는 조직의 평판을 강화하고, 리더와 팀원들에게 장기적인 동기를 제공한다. 또한, 장기적인 관점을 유지하려면 예기치 못한 상황에 대비할 수 있는 유연성과 회복력을 길러야 한다.

당신이 리더로서 사업이라는 긴 여행을 성공적으로 완주하려면 명확한 비전, 지속 가능한 페이스, 동료와의 협력 그리고 장기적인 관점이 필요하다. 리더는 단기적인 유혹에 흔들리지 않고, 꾸준히 길을 걸어가며 조직의 성장을 이끌어야 한다. 사업은 단순한 경쟁이 아니라, 긴 여정을 함께하는 팀원들과의 여정이며, 이를 통해 리더는 진정한 리더십의 가치를 발견하게 된다.

Part 2
사업을 위한 기본 기술

2-1.
회사를 운영하기 위한 key: 인사권, 재무권, 기획권

  필자가 회사의 리더들에게 가장 중요하게 강조하는 투자의 3가지 요소는 인사, 재무, 기획이다. 이 3가지 요소에는 '-권'이라는 접사를 붙일 수 있다. 곧 리더의 고유한 힘이자 책임이라는 뜻이다. 리더는 이 힘을 제대로 사용하여 목표 달성을 통해 성과를 도출할 수 있어야 하고, 조직의 안정화를 도모할 수 있어야 한다.
  플라톤은《국가》에서 '대중은 우매하니 철학자가 통치해야 된다'는 철인 정치를 주장했다. 이 말은 높은 교육 수준을 지니고

SNS 등 온라인을 통한 소통이 원활한 현대 국가에는 적합하지 않은 개념일 수 있다. 그러나 플라톤의 철인 정치는 스타트업 조직을 운영할 때 참고해볼 만한 이론이다.

창업한 지 얼마 되지 않은 회사에서 직원들은 각자의 능력에 상관없이 쉽게 무능해질 수 있다. 뭘 해야 하는지, 성과측정과 보상은 어떻게 되는지 등 아무것도 정해져 있지 않다면 더 이상 회사에서 능률적으로 일을 할 수 없다. 그리고 이는 곧 직원들의 퇴사로 이어진다. 이런 곳에서 누가 근무를 계속하겠는가? 따라서 리더는 자신만의 철학을 바탕으로 사업 계획을 세우고 직원들에게 명확히 방향성을 전달하여 안심하고 일할 수 있는 시스템을 구축해야 한다.

어느 정도 조직이 커지게 되면 이 3가지의 힘을 임원 및 부서장들에게 나눠야 한다. 특히 CFO(Chief Financial Officer: 최고재무책임자), COO(Chief Operation Officer: 최고운영책임자), CMO(Chief Marketing Officer: 최고마케팅책임자) 등 C레벨의 임원들을 선정하고 이들을 통해 각 파트를 안정화시켜야 한다. 이때 자유롭게 파트를 운영하더라도 리더의 방향성을 최우선으로 해야 한다. 그저 자유롭게만 행동하는 게 애자일(Agile) 조직이 아니다. 가장 핵심이 되는 기둥이 흔들리면 안 된다. 자율성은 높이되, 조직들의 합이 배가 되게 만드는 것이 리더의 역량이다.

그럼 세부적으로 각 요소에 대해 알아보자.

2-2.
리더에게 인사권은?

인사 관리는 기업의 성장을 위한 중추적인 요소이다. 효율적인 인사 관리 시스템은 조직 내에서 최적의 인재를 적절한 위치에 배치함으로써 조직 문화를 구축하고, 업무 만족도와 직원 참여도를 높여 생산성을 극대화하는 데 결정적인 역할을 한다. 이러한 맥락에서, 리더는 인사 관리를 경영의 핵심적인 구성 요소로 인식하고, 이를 전략적으로 활용할 필요가 있다.

조직 내에 인사 담당자가 별도로 존재하더라도, 리더는 최종적인 인사 결정 권한을 효과적으로 활용하는 데 있어 중요한 역할을 담당한다. 권한이 있음에도 불구하고 이를 적절히 활용하지 못하는 것은 리더십의 실패로 간주해야 한다. 따라서 리더는 인사권의 본질을 정확히 이해하고, 이를 조직의 목표 달성을 위해 적절히 활용하는 능력을 갖추어야 한다.

인사권에 대해 이해를 하였다면 다음으로 중요한 건 이것을 잘 활용하는 것이다. 현대 조직에서는 개인의 자율성과 권한이 강조되고 있지만, 이것이 리더가 조직 내 인사권을 가볍게 여기는 이유가 되어서는 안 된다. 오히려 리더는 이러한 권한을 바탕으로 조직을 효과적으로 이끌어 나가야 한다. 임직원이 리더의 결정 없이 인사 업무를 함부로 처리하다 보면 조직은 와해되기 쉽다. 회사 전체를 보고 있는 리더로서 올바르고 명확한 인사권을 행사하여 기틀을 단단히 해야 한다.

임직원의 능력치를 최대한 높이려면 사업 계획에 적합한 인력 선발부터 평가까지 신경을 써야 한다. 리더는 사업 계획에 대한 이해도가 가장 높은 사람으로 디테일 하게 인사 시스템과 기준을 수립할 수 있는 사람이다. 인사 담당자가 있다고 해도 초기에는 반드시 리더가 중심이 되어야 한다. 이 부분을 간과하면 임직원들은 원하는 방향과는 다른 생각을 하게 된다. 예를 들어 인센티브 지급을 통해 성과를 높이려고 유도했지만 당장의 이익에 집중하게 만들어 회사 발전에는 소극적인 조직을 만들게 되는 경우도 빈번하다.

리더가 인사권을 활용할 때 조심해야 하는 부분은 뭘까? 바로 법과 규정에 지나치게 의존하지 않는 태도를 취하는 것이다. 인사 관리는 기본적으로 리더와 직원 간의 상호작용에 초점을 맞춘다. 따라서 융통성과 개인적 접근이 중요한 역할을 하게 된다. 이는 다른 관리 분야에서 흔히 볼 수 있는 엄격한 규칙과 절차의 적용보다는, 더 섬세하고 인간 중심의 접근이 필요함을 의미한다.

이러한 접근 방식은 "날카로운 무기를 뒤에 숨긴 채 최소한

만 사용하라."라는 비유로 표현될 수 있다. 이는 리더가 권위와 규칙을 공개적으로 전시하기보다는 신뢰, 존중, 이해를 바탕으로 한 인간관계를 통해 영향력을 행사해야 함을 의미한다. 즉, 법과 규정은 필요한 기반이지만, 이들에만 의존해서는 진정으로 효과적인 인사 관리를 수행할 수 없다는 것이다. 또한, 실수와 잘못을 지적할 때는 개인의 감정이 아닌 회사의 기준이 중심이 되어 언급해야만 한다. 리더가 단순히 화가 나서 이렇게 행동하는 것이 아닌, 회사의 철학과 기준을 지키는 수호자로서 조직을 관리한다는 느낌이 중요하다.

이러한 진심을 바탕으로 한 신뢰 구조가 있어야만 힘도 활용할 수 있게 되는 것이다. 그 누가 힘으로만 누르려고 하는 리더와 회사를 위해 일하겠는가? 직원들은 이미 리더의 힘을 알고 있다. 적당한 카리스마를 유지한다면 그 외에 필요한 건 진심이다. 회사를 발전시키고 이를 통해 임직원들의 지속 성장성도 함께 도모하겠다는 진심 그리고 각각의 인생과 미래에 대해 함께 고민해 줄 수 있는 진심이다. 진심이라는 태도를 유지한다면 방향을 제시했을 때 임직원들은 의구심 없이 따르게 될 것이다. 잘 되면 모두의 덕으로, 안 되면 차후 성공을 위한 초석으로 활용하는 업무 문화를 만들어야 한다.

리더는 카리스마를 가져야 한다. 카리스마는 표준국어대사전에 따르면 '대중을 심복시켜 따르게 하는 능력이나 자질'을 뜻한다. 리더가 가져야 하는 카리스마는 명확한 철학과 원칙을 통해 일을 하겠다는 의지로 집중되어야 한다. 리더니까 마음대로 할 수 있다는 생각이 아니라, 리더 스스로조차도 함부로 행동하지 않고 회사가 세운 기준에 맞춰 일하겠다는 의지가 바탕에 깔려야 한다. 그리고 그 열정과 집중력이 표출될 때 함께하는 임직원들은 리더의 카리스마를 제대로 느끼게 된다.

2-3.
리더에게 재무권은?

　기업의 재무 방향성 설정은 경영 성과에 직접적인 영향을 미치는 결정적 요소이다. 이에 따라 리더는 기업의 재무 전략을 결정하고 이끌 권한을 소유해야 한다. 물론 이 권한은 원칙적으로 리더에게 부여되어 있으나, 그 활용 방식이 리더의 진정한 능력을 판별한다. 단순히 경비 절감에 초점을 맞춘다고 해서 훌륭한 리더십이라 할 수 없다. 오히려, 기업의 재무 상황을 정밀하게 분석하고 이해하여, 수익성을 증진시키고 필요한 자금을 확보함으로써 기업의 안정성과 성장 가능성을 도모해야 한다.
　리더가 재무 관리에 집중하게 되면 얻게 되는 핵심적인 능력은 다음과 같다.
　첫 번째는 기업의 생존과 직결되는 현금 유동성의 관리이다. 기업에 있어 현금은 사람의 피와 같다. 리더는 이 피 같은 현금의 유동성을 어떠한 상황에서도 유지하고 보호해야 한다. 현금 흐름을 최대한 예측하고 필요한 조치를 취해야 하며, 현금이 부족하다고 예상될 경우 적시에 대출을 받거나 미수금을 강력히 회수하는 등의 조치를 취해야 한다. 여기에서 리더에게는 어떠한 변명도 허용되지 않으며, 현금이 없으면 아무리 미래가 밝다 해도 기업은 존속할 수 없다. 이는 협력 업체로부터의 불신과 직원들의 이탈로 이어진다. 오죽하면 아무리 대출이 많아도 현금만 있으면 망하지 않는다는 말이 있겠는가?

두 번째는 재무를 기반으로 한 각 사업의 상황 파악이다. 다양한 사업 라인이나 제품군을 운영할 경우, 재무 상황이 복잡해지며 때론 잘못된 판단을 내리게 된다. 어떤 사업이나 제품이 실제로 수익을 창출하고 있는지, 그 성공이 우연인지 아니면 지속 성장인지를 분석하는 것이 중요하다. 이를 분석하는 과정에서 리더는 각 사업부 및 상품별 상황을 이해하고, 적절한 전략을 수립할 수 있게 된다. 회사 내 담당자가 있다고 해도 사업 전반을 이해하는 리더가 아닌 이상 숫자만 보고 제대로 된 방향으로 이해하기 어렵다. 숫자는 때론 거짓말을 한다. 보고자가 어떠한 기준으로 바라보는지에 따라 달라지기 때문이다. 따라서 사업 초기부터 리더가 재무에 관여하여 사업성을 판단할 수 있는 '기준 숫자'를 정하는 게 중요하다.

세 번째는, 청렴한 회사를 만들 수 있는 가능성이다. 중소기업에서 재무 관리에 강력한 집중을 보이는 리더의 이미지는 매우 중요하다. 회사가 성장함에 따라 비용 처리가 복잡해지고, 리더는 재무 관리에 소홀해질 수 있다. 비용 처리도 단순 결재를 통해 처리되기 시작하고 기준 이하의 적은 비용은 전결로 끝나 파악되지도 못하게 된다. 이러한 상황이 개선 없이 반복되면 회사 재무에 대한 리더의 이해도와 권한이 부족하다는 이미지를 주게 되는 것이다. 이는 임직원들에게 회사 자금을 경솔하게 대하게 하고, 최악의 경우 배임·횡령을 발생시키는 초기 원인이 된다. 기본적으로 임직원이 아무리 청렴결백하다고 할지라도 시스템이 엉망이면 사람은 누구나 욕심을 가지게 된다. 욕심을 가질 수 없는 시스템 구축을 지향하는 것이 리더의 올바른 방향성이다.

결론적으로, 리더는 현금 유동성을 확보하여 기업의 생존을 보장하고, 각 사업의 재무 상황을 면밀하게 분석하여 올바른 경영 결정을 내리며, 재무 건전성과 청렴성을 바탕으로 건강한 기업 문화를 조성해야 한다. 자금과 관련된 숫자는 기업의 건강 상태를 진단하는 중요한 기준이다. 리더는 재무제표를 포함한 다양한 숫자를 통해 수익성, 유동성, 부채 상황 등을 정밀하게 분석하고, 이를 기반으로 전략적 결정을 내려야 한다.

2-4.
리더에게 기획권은?

　리더의 기획권 활용은 기업의 방향성을 정립하고, 선택과 집중을 통해 기업을 성장시키는 데에 그 목적이 있다. 기업의 성장 과정에서 마주치는 다양한 기회 중에서 어떤 것을 추구할지 결정하는 것은 기업의 장기적인 성공에 결정적인 영향을 미치게 된다. 이러한 중대한 결정은 특히 임원 및 팀장급 리더들에 의해 수행되는데, 때로는 각자의 관점에서 회사에 도움이 된다고 생각하는 독단적인 행동을 한다. 하지만 이건 자율성을 기반으로 한 운영에는 도움이 되지만 전체 방향성을 유지하는 데는 위험 요소가 될 수 있다.
　기업이 지속적인 경쟁력을 유지하고 성장을 이루기 위해서는 전략적인 사업 기획과 빠른 방향성 결정이 필수다. 이 과정에서 결정을 대리할 수 있는 능력 있는 인재가 있다면 더없이 좋겠으나 대부분의 중소기업에서 이러한 인재를 보유하기란 쉽지 않다. 따라서 초기에는 무리하게 권한과 책임을 관리자들에게 분배하기보다 의사결정의 핵심에 기업의 리더가 있어야 한다는 인식을 주는 것이 중요하다.

물론, 기업의 성장 과정에서 권한 분산, 독립적 조직의 구축 및 성장 촉진은 매우 중요하다. 이는 기업이 다양한 사업 영역에서 기민하게 움직이고, 팀별로 전문성을 발휘할 수 있는 환경을 조성하게 한다. 이러한 구조는 처음부터는 불가능하고 차츰 성장해 감에 따라 가능해진다. 이후에도 중요한 건 리더가 사업 기획과 방향성 결정에 있어 중심적인 역할을 계속 수행한다는 인식이 지속되어야 한다. 이는 조직 내에서 의사결정의 일관성과 방향성을 유지하는 데 중요한 역할을 하게 된다.

　조직 내에서 임원이나 부서장 등의 관리자들에 의해 중요한 결정이 이루어지고, 핵심적인 정보가 리더에게 전달되지 않는 상황은 리더로서는 피해야 할 상황이다. 이러한 상황은 기업의 전략적 방향성에 혼란을 초래할 뿐만 아니라, 기업의 성장 잠재력을 저해할 수 있게 된다. 리더는 조직 내 의사결정 과정에 있어 중심적인 역할을 유지하면서도, 팀과 개인의 전문성과 자율성을 존중하는 균형을 찾아야 한다.

　이를 위해서는 리더가 전략적 사고와 리더십을 발휘하여 조직의 비전과 목표를 명확히 설정하고, 이를 조직 내 모든 구성원과 공유해야 한다. 또한, 중요한 결정 과정에 있어서는 핵심 관리자들과의 효과적인 소통과 협업을 통해 의사결정의 질을 높이고, 전체 조직이 일관된 방향으로 나아갈 수 있도록 해야 한다. 리더의 이러한 역할은 기업이 빠르게 변화하는 시장 환경 속에서도 지속적으로 성장하고 경쟁력을 유지하는 데 핵심적인 요소가 된다.

　결국, 리더의 기획권은 단순히 새로운 아이디어나 기회를 추구하는 것을 넘어서, 기업의 장기적인 비전과 목표 달성을 위한 중추적인 구심점 역할을 하게 된다. 이는 기업이 직면한 도전과 기회에 대응하는 데 있어 핵심적인 역할을 한다.

2-5.
성과를 내기 위한 key: 상품, 고객, 마케팅

사업의 성장을 이끄는 세 가지 핵심 요소로 상품, 고객, 마케팅이 있다. 이 요소에 대한 깊은 이해는 모든 경영자에게 필수적이다. 많은 리더들이 이 요소들을 정확히 파악하고 활용하는 데 어려움을 겪는데, 이는 특히 중소기업에서 더욱 도드라지게 된다. 중소기업의 환경은 빠르게 변화하며, 이러한 변화에 적극적으로 대응하지 못하면 리더들은 혼란과 불확실성에 빠질 수 있게 된다.

이를 해결하기 위한 방법으로 리더는 상품, 고객, 마케팅 각각을 지속적으로 '재정의'하는 능력을 가져야 한다. 이는 내가 파는 상품이 정확히 무엇인지, 구매하는 고객이 누구인지 그리고 이들을 연결하는 마케팅 전략이 무엇인지에 대한 지속적인 분석과 평가를 통해 이루어진다. 가장 효과적인 방법은 정기적으로 이러한 질문을 스스로 던지고 이에 대한 답을 찾는 것이다.

예를 들어, 베이커리를 생각해 보자. 초기에는 단순히 맛있는 빵을 판매한다는 생각으로 시작할 수 있다. 그러나 간식이 아닌 식사 대용으로 빵을 찾는 사람들이 늘어난다면 어떨까? 그럼

샌드위치나 햄버거, 또는 샐러드류를 늘리는 방법이 있겠다. 이건 상품을 재정의하여 '식사용으로 가능한 빵'이라는 개념이 생기면서 가능하다. 고객도 재정의를 하여 카테고리를 구체화 할 수 있다. 주변 회사원, 학생들이나 자취하는 1인 가구가 주 구매자가 될 수 있다. 이러한 상황에서는 판매 상품과 타깃이 명확해지며 가장 적합한 마케팅 전략을 구사할 수 있게 된다. 관련 상품 키워드로 온라인 마케팅을 진행하고 시간에 맞춰 오프라인 전단지 홍보도 할 수 있다.

이건 가장 기본적인 예시이다. 이보다 더욱 구체화하여 질문과 답변을 이어 나가다 보면 결국 좋은 답에 가까이 간다. 즉, 회사를 빵집 프랜차이즈로 키울 수도 있고 지역 맛집이 되어 브랜드를 강화 후 포장과 배송에 집중할 수도 있다. 사업이란 오묘해서 어떤 것도 정답이라 말하긴 어렵더라도 현재 시장의 상황과 회사의 상황을 모두 반영한 최적의 선택을 할 수 있게 된다. 적어도 부화뇌동하며 방향성 없이 흔들릴 일을 줄이고 안정적인 성장을 도모할 수 있다.

이렇게 상품, 고객, 마케팅의 지속적인 재정의를 통해 사업의 성장을 이루어야 한다. 물론 좋은 선택을 위해선 많은 데이터와 경험이 필요하다. 데이터와 경험은 지속적인 학습, 팀과의 협력 그리고 고객과의 소통을 통해서 얻을 수 있다. 또한 사업을 수행해 나가며 만나게 되는 크고 작은 성공과 실패에서도 얻게 된다. 어느 것 하나 버릴 것 없는 과정이며 배움이다. 리더는 이 삶의 과정을 꾸준히 견디고 배워 최선의 답을 내릴 수 있는 상태를 만드는 것이 중요하다.

그럼 좀 더 자세하게 각 요소에 대해 알아보자.

2-6.
상품을 정의하라

　사업에서 상품의 역할은 결코 과소평가될 수 없다. 상품은 단순히 판매되는 물건 이상의 의미를 지니며, 기업의 정체성을 드러내고 고객과의 소통의 매개체로 기능한다. 많은 경영자들이 이러한 사실을 간과하곤 하는데, 이는 사업 전략을 세우는 데 있어 심각한 오류를 범하게 되는 요인이다. 사실상, 상품은 고객의 기대와 시장의 변화에 따라 끊임없이 진화해야 하는 살아 있는 개념이라 볼 수 있다
　사업의 규모에 관계없이, 상품을 어떻게 정의하고 개발하느냐는 사업의 성공에 결정적인 영향을 미친다. 카페 사업을 예로 들면, 각각의 커피는 단순한 음료가 아니라 고객의 일상에 작은 즐거움과 경험을 제공하는 수단이 될 수 있다. 이러한 관점에서 상품을 바라보면, 고객이 왜 해당 상품을 선택해야 하는지, 그 상품이 고객에게 어떤 독특한 가치를 제공하는지를 구체화할 수 있다. 또한 회사가 집중해야 되는 부분이 제품인지, 서비스인지, 공간이지 등도 알 수 있게 된다.
　상품에 대한 정의와 개발은 단순한 판매 증대를 넘어서, 기

업을 시장에서 독특하게 만들고 경쟁에서 우위를 점할 수 있도록 한다. 이를 위해서는 시장의 동향을 지속적으로 관찰하고, 고객의 피드백을 적극적으로 수집하며, 경쟁사들의 움직임을 분석하는 것이 중요하다. 이러한 정보는 상품을 지속적으로 발전시키고 적응시키는 데 필수적이게 된다.

더 나아가, 상품은 단순히 시장에서 판매되는 물건 이상의 것이 되어야 한다. 상품은 고객에게 특별한 의미와 경험을 제공해야 한다. 상품 개발은 기업의 철학과 가치를 반영해야 하며, 이를 통해 고객은 단순한 구매를 넘어 기업의 가치와 정체성에 공감하게 된다.

결론적으로, 상품 정의와 개발은 사업 성장의 핵심 전략이라 할 수 있다. 상품에 대한 깊은 이해와 지속적인 혁신은 기업이 시장에서 돋보이게 하고, 고객과의 강력한 연결을 구축하는 데 있어 핵심적인 역할을 하게 될 것이다.

2-7.
고객을 정의하라

시장의 변화와 함께 고객의 니즈와 선호가 계속 변화하기 때문에, 기업은 이러한 변화에 유연하게 대응해야 한다. 고객을 이해하는 것은 단순히 그들이 무엇을 구매하는지 아는 것을 넘어서, 그들의 생활 방식, 가치관 그리고 구매 결정에 영향을 미치는 요소들을 파악하는 것을 의미한다. 이러한 파악을 통해 경영자는 고객을 정의할 수 있어야 한다. 고객을 정의한다는 것은 쉽게 이야기하면 타깃을 명확히 하는 과정이라 할 수 있다.

고객의 행동 패턴, 선호도는 시간이 지남에 따라 변화한다. 예를 들어, 최근 몇 년간 소비자들은 지속 가능하고 윤리적인 제품에 더 많은 관심을 보이고 있다. 이러한 트렌드에 발맞추어 기업들은 환경친화적이고 사회적 책임을 지닌 제품을 개발하고 마케팅 전략을 조정해야 한다. 이는 고객의 변화하는 요구를 반영하는 동시에, 기업의 가치와 사명을 강화하는 기회가 될 수 있다.

고객에 대한 깊은 이해는 또한 타깃 마케팅 전략을 더욱 효과적으로 만든다. 소비자들의 구매 결정 과정을 이해함으로써,

기업은 보다 개인화된 마케팅 메시지를 제공하고, 소비자와의 관계를 강화할 수 있게 된다. 이를 위해서는 정기적인 시장 조사, 고객 설문 조사, 그리고 데이터 분석이 필수적이다. 이러한 정보는 고객의 현재 요구뿐만 아니라 미래의 기대를 예측하는 데 아주 중요한 데이터가 된다.

또한, 고객 경험을 지속적으로 개선하는 것은 사업 성장에 있어 중요한 요소다. 고객 서비스, 제품 품질 그리고 구매 과정은 모두 고객 경험의 일부이며, 이들 각각은 고객의 만족도와 충성도에 큰 영향을 미치게 된다. 우수한 고객 경험은 긍정적인 구전을 촉진하고, 신규 고객 유치 및 기존 고객의 유지에 기여한다.

결국, 고객의 니즈와 선호를 정확히 파악하고 이에 맞춰 전략을 조정함으로써, 기업은 시장에서의 지속 가능한 성장과 경쟁 우위를 확보할 수 있게 된다. 이 과정에서 고객 데이터의 분석, 시장의 트렌드를 읽는 능력 그리고 고객과의 직접적인 소통은 매우 중요하다. 이를 통해 기업은 고객의 기대를 뛰어넘는 제품과 서비스를 제공하고, 고객 충성도를 높일 수 있게 된다. 더 나아가, 고객에 대한 지속적인 재정의는 기업의 전략적 사고방식에도 영향을 미치게 된다. 이러한 과정을 통해 기업은 더욱 강력하고 탄탄한 사업 구조를 구축할 수 있으며, 장기적인 성공을 위한 기반을 마련할 수 있다.

우리의 고객은 누구인가? 매일 해도 아깝지 않은 질문이다.

2-8.
지속적인 '마케팅'에 대한 재정의

경쟁이 치열한 비즈니스 환경에서 마케팅 전략의 지속적인 재정의는 사업 성장의 핵심 요소로 자리 잡고 있다. 변화하는 소비자 행동, 기술의 발달 그리고 시장 트렌드의 변화는 기업들이 마케팅 전략을 유연하게 조정하고 적응해야 할 필요성을 더욱 부각시키게 된다. 마케팅의 재정의는 단순한 광고의 변화를 넘어, 소비자와의 관계 구축, 브랜드 가치의 향상 그리고 장기적인 비즈니스 목표 달성에 기여한다.

오늘날 마케팅의 재정의는 다양한 형태로 나타난다. 디지털 마케팅의 부상은 전통적인 광고 수단을 넘어서 소셜 미디어, 검색 엔진 최적화(SEO: Search Engine Optimization), 콘텐츠 마케팅 그리고 인플루언서 마케팅과 같은 새로운 채널을 통해 소비자와 직접적으로 소통할 수 있는 기회를 제공한다. 데이터 분석의 진보는 마케팅 전략을 더 정교하고 개인화된 방식으로 조정할 수 있게 해 주며, 이를 통해 타깃 고객에게 더 효과적으로 도달할 수 있게 되었다.

고객 중심의 마케팅 접근 방식은 소비자의 요구와 기대를 반영하는 제품과 서비스를 제공하는 데 중점을 둔다. 이는 고객 경험을 최우선으로 고려하며, 고객 충성도와 브랜드 가치를 향상시키는 데 기여하게 된다. 예를 들어, 개인 맞춤형 추천, 사용자 경험 개선 그리고 고객 피드백을 통한 지속적인 제품 개선은 고객과의 긴밀한 관계를 구축하고 장기적인 고객 유지에 도움을 준다.

또한, 지속 가능성과 사회적 책임은 현대 마케팅의 중요한 요소로 자리 잡고 있다. 소비자들은 단순히 제품의 품질뿐만 아니라, 기업의 사회적 가치와 지속 가능성에도 관심을 가지고 있는 추세이다. 이러한 흐름에 발맞추어, 기업들은 환경 친화적이고 윤리적인 제품 개발 및 마케팅 전략을 채택함으로써 소비자들과의 신뢰를 구축하고 브랜드의 차별화를 이루어 내고 있는 실정이다.

마케팅을 재정의할 때는 기술적 혁신도 함께 고민해야 한다. 인공지능, 빅데이터 그리고 기계 학습과 같은 첨단 기술은 마케팅 전략을 보다 효과적이고 정교하게 만들어 주고 있다. 이러한 기술을 활용함으로써 기업은 개인화된 고객 경험을 제공하고, 마케팅 캠페인의 성과를 향상시킬 수 있게 된다.

본질적으로 마케팅은 상품과 고객을 이어 주는 기술이다. 이 본질을 벗어난 기술은 불필요한 요식 행위나 보여 주기로 끝날 확률이 크다. 본질에 집중하여 목적 지향적인 마케팅으로 성과를 높이자.

2-9.
필수 능력: 지식, 경험, 체력

사업을 이끄는 리더에게 필요한 능력은 단순한 전략적 사고나 실행력에 그치지 않는다. 사업은 복잡한 변수를 동반하는 치열한 현장이며, 이곳에서 살아남고 성장하기 위해 리더는 지식, 경험, 체력이라는 세 가지 핵심 능력을 반드시 갖추어야 한다. 이 세 가지는 마치 사업의 기둥과 같아서 어느 하나라도 부족하면 조직 운영에 균열이 생길 수 있다.

지식은 기본 중의 기본이다. 사업을 운영하면서 리더가 지식을 갖추지 못하면 모든 의사결정이 감이나 타인의 의견에 의존하게 된다. 지식이란 단순히 산업이나 시장에 대한 정보만을 의미하지 않는다. 법률, 세무, 재무, 조직 관리, 마케팅 등 사업 전반에 대한 기본 지식이 반드시 필요하다. 리더는 끊임없이 배우고 익혀야 한다. 시대는 빠르게 변하고, 기술과 시장의 흐름도 하루가 다르게 바뀌고 있다. 지식이 부족한 리더는 변화에 대응할 준비가 되어 있지 않으며, 이는 곧 위기의 씨앗이 될 수 있다.

지식이 갖춰졌다면 경험을 통해 이를 실전에서 검증해야 한다. 경험은 리더를 더욱 유연하게 만들고, 복잡한 문제 속에서도 길을 찾게 만든다. 경험은 성공뿐만 아니라 실패에서도 얻어진다. 실패를 두려워하지 않는 리더는 모든 상황을 배움의 기회로 바꾼다. 실제 사업에서 경험한 위기 극복 사례나 성공 사례는 조직 운영에 있어 어떤 이론보다 값진 자산이 된다. 특히 경험은 지식의 한계를 보완한다. 이론적으로 완벽해 보이는 전략이라도 현실에서는 다른 결과를 초래할 수 있는데, 이때 경험이 뒷받침된다면 상황에 맞게 적절한 결정을 내릴 수 있다.

마지막으로, 사업에서 리더가 반드시 챙겨야 할 능력은 체력이다. 체력은 단순히 건강을 의미하는 것이 아니라, 끊임없는 업무와 스트레스를 버텨 낼 수 있는 정신적, 신체적 지속력을 의미한다. 사업은 하루이틀로 끝나는 단거리 경주가 아니라 몇 년, 아니 몇십 년을 달려야 하는 마라톤과 같다. 지식과 경험이 뛰어나더라도 체력이 뒷받침되지 않으면 그 어떤 것도 유지될 수 없다. 중요한 사업 기회나 위기 상황에서도 체력이 부족한 리더는 집중력을 발휘하지 못하고 흔들리기 마련이다. 결국 체력은 리더십의 기본적인 기반이 된다.

지식은 방향을 제시하고, 경험은 현실에서 길을 찾게 하며, 체력은 그 길을 끝까지 가게 만든다. 이 세 가지 필수 능력은 서로 연결되어 리더의 사업 운영에 큰 힘을 발휘한다. 리더는 끊임없이 배우고 경험하며 체력을 단련해야 한다. 그래야만 예상치 못한 위기와 변화 속에서도 흔들리지 않는 리더십을 발휘하며,

조직을 지속 가능한 성장으로 이끌 수 있다. 사업의 성패를 가르는 것은 단순한 전략이 아니라 리더의 이 세 가지 준비된 능력이다.

2-10.
자신의 사업을 1분 안에 설명 가능한가?

리더에게 자신의 사업을 짧고 명확하게 설명하는 능력은 필수다. 사업의 비전과 핵심 내용을 효과적으로 전달하지 못한다면, 아무리 좋은 아이디어와 탄탄한 전략이 있어도 그 가치는 절반으로 줄어든다. 투자자, 고객, 파트너 등 다양한 이해관계자들은 당신의 사업을 처음 마주하는 순간 빠르게 판단한다. 그들에게 당신의 사업을 정확하게 이해시키지 못하면, 기회는 순식간에 사라진다.

이때 필요한 것이 1분 안에 자신의 사업을 설명하는 능력이다. 이를 흔히 "엘리베이터 피치(Elevator Pitch)"라고도 한다. 엘리베이터를 타고 몇 층을 오가는 짧은 시간 동안 상대방이 당신의 사업을 이해하고 흥미를 느낄 수 있도록 핵심을 전달해야 한다. 리더라면 당연히 이 능력을 갖추고 있어야 한다.

1분 안에 자신의 사업을 설명하려면 군더더기를 빼고 핵심에 집중해야 한다. 당신의 사업이 무엇을 하고, 누구에게 가치를 제공하며, 어떤 차별화된 강점을 가지고 있는지 명확하게 전달해야 한다. 예를 들어, "우리 회사는 AI를 활용한 맞춤형 건강 관리 솔루션을 제공합니다. 고객의 생활 패턴과 건강 데이터를 분석해 최적의 건강 플랜을 추천하는 플랫폼입니다."라는 말과 같이 핵심을 단순화하고 직관적으로 설명해야 한다.

당신이 사업에 대해 아무리 열정적으로 설명하더라도, 상대방이 이해하지 못하면 의미가 없다. 듣는 사람의 관점에서 생각하고, 그들이 궁금해할 만한 포인트를 중심으로 설명해야 한다. 고객에게 설명할 때는 그들이 얻게 될 가치와 혜택에 집중하고, 투자자에게는 수익성과 성장 가능성을 강조해야 한다. 말하는 대상에 따라 설명의 초점을 맞추는 유연함이 필요하다.

1분 안에 사업을 설명하는 것은 단순한 말하기가 아니다. 짧은 시간 안에 상대의 마음을 움직이고 이해를 끌어내는 것은 훈련 없이는 불가능하다. 자신의 사업을 한 문장으로 정리하고, 이를 반복적으로 연습하면서 자연스럽고 자신감 있게 전달할 수 있어야 한다. 중요한 순간에 기회를 놓치지 않으려면 언제든지 사업을 명확히 설명할 준비가 되어 있어야 한다.

리더가 자신의 사업을 1분 안에 설명할 수 있다는 것은, 사업의 본질을 누구보다 잘 이해하고 있다는 의미이기도 하다. 이는 곧 전략적 사고와 실행력의 증거다. 상대방이 듣고 나서 고개를 끄덕이며 "이해됐다.", "흥미롭다."라고 반응할 수 있도록 만들어야 한다. 그 짧은 1분이 고객의 마음을 사로잡고, 투자자의 지갑을 열며, 파트너를 끌어들이는 중요한 기회가 된다.

결국, 사업을 1분 안에 설명할 수 없다면, 사업의 본질과 목표가 아직 명확하지 않은 것이다. 리더는 사업의 핵심을 명확히 정의하고, 이를 짧고 강력하게 전달하는 훈련을 반복해야 한다. 짧은 시간 안에 상대의 마음을 움직일 줄 아는 리더만이 더 많은 기회와 성공을 끌어올 수 있다.

2-11.
사업 계획서 작성과 활용

　리더들은 대부분 '사업 계획'을 수립한다. 위에서 언급한 대로 시장을 분석하고 상품을 정하며, 타깃 고객을 구체화한다. 그러나 이 사업 계획을 정확히 문서화하여 조직에서 활용될 수 있도록 만드는 것은 그리 쉽지만은 않다. 실제로 많은 중소기업들이 문서화된 '사업 계획서'를 제대로 작성하지 않는다. 그 이유는 무엇일까?

　리더들은 우선순위가 되는 영업과 회사 관리 등에 밀려 시간이 부족하여 쓰지 못한다고 생각한다. 사실 그것도 이유가 될 수 있겠지만 '사실 사업 계획서를 어떻게 작성해야 하는 것인지 잘 모른다'가 더 정확한 이유이다. 즉, 사업 계획을 수립하고 구체화하는 능력이 부족하기 때문이다. 물론 담당자들에 의해 작성이 되겠지만 전체 방향을 교육하고 끌어내는 건 리더의 몫이다. 리더가 정성과 열의를 담아야 전체 방향성에서 오류가 적고, 디테일한 사업 방향성이 나오게 된다. 이렇게 나온 자료는 임직원들의 업무 기준과 방향을 제시하는 도구로 활용할 수 있다.

　사업 계획을 신뢰할 수 없게 되면 결국 보여 주기 식 자료에 지나지 않게 된다. 외부용으로 사용할 수는 있으나 회사 내에서 의미가 없게 되는 것이다. 인력과 시간을 많이 투자한 만큼 이 자료는 회사에 대한 연간 사용 설명서의 역할을 해야 한다는 것이다.

그럼 어떻게 할까? 물론 리더가 모든 일을 다 잘할 수도 없고 그래서도 안 될 것이다. 답은 교육이다. 단기적으론 외부에 맡길 수는 있겠지만 결국 단기적일 수밖에 없다. 리더는 전체 방향을 정확히 전달할 수 있는 자료 제작과 교육에 신경 써야 한다. 한 번에 이해를 하지 못하면 여러 번 할 각오가 필요하다. 그리고 각 부서장들은 부서에 맞는 계획을 수립해야 하고 MBO(Management by Objectives: 조직 구성원들에게 부여되는 목표)와 OKR(Objectives and Key Results: 목표 및 핵심 결과), KPI(Key Performance Indicator: 핵심 성과 지표) 등을 최대한 구체화, 수치화, 시각화를 해야 한다. 부서장들은 기본적인 사업 기획 수립 능력이 필요하다. 부족할 경우 교육을 시켜서 가능하도록 해야 한다. 리더는 이 자료를 수차례 검토하고 문제가 없을 시 취합하여 회사가 나갈 방향의 자료로 선정해야 한다. 사업 계획에 대해서는 월, 분기, 반기, 연간으로 나눠 피드백하여 반영하면 된다.

이 모든 기준은 사업 계획을 철저히 작성할 때 가능하다. 즉, 합의된 업무 방식을 바탕으로 예측 가능한 계획을 수립하면

측정할 수 있고 관리가 가능해진다. 이건 작은 회사일 때부터 회사의 기준으로 자리를 잡아 두면 회사가 성장할수록 크게 도움이 된다.

사업 계획서는 자신의 사업을 완벽히 이해하는 과정이며 애정의 산물이다. 이 자료로 회사의 업무 방향에 대한 기준이 생기고 문서를 통한 리더와 직원 간의 대화가 이루어진다.

2-12.
상품 개발을 위한 시스템

앞에서 언급한 대로 상품 개발은 회사의 성장에서 반드시 필요한 과정이다. 그러나 대부분의 중소기업은 상품 개발 시스템을 안정적으로 보유하기란 어렵다. 보통 기술에 대해 지식이 부족한 리더들은 개발 자체에 투자하기보다 외부 제품을 소싱하는 데에 집중한다. 반대로 기술자 출신의 리더들은 본인 판단 하에 기술적 가치만을 추구하여 제품을 개발한다. 두 방향 모두 안정된 제품 개발이라고 보긴 어렵다. 결국, 기업이 걸어가야 할 길은 판매와 지속 성장이 충족되어야 하는 방향이다.

그렇다면 상품 개발을 위해서는 어떤 시스템이 필요할까? 바로 고객 니즈를 중심으로 한 개발 시스템이다. 상품 개발은 그 자체로 고객의 니즈를 충족시키기 위한 프로세스이다. 따라서 고객의 니즈를 중심으로 상품을 개발하는 것은 매우 중요하다. 이러한 원칙을 따르면 다음과 같은 이점이 있다.

첫째, 고객의 만족도가 높아지게 된다. 고객의 니즈를 파악하고 그에 맞게 상품을 개발하면, 자연스럽게 고객은 해당 제품에 대한 만족도가 높아지게 되며 회사에 대한 애정도 생긴다.

둘째, 비용을 절감할 수 있다. 보통 상품 개발을 위해서는 많은 시장 조사와 다양한 사례를 분석하여 그 근거를 마련한다. 여기서 시간과 돈이 크게 소모된다. 그러나 고객의 니즈를 중심으로 개발 시스템을 구축하면 비용도 절감하고 성공 확률도 높이게 된다.

그럼 고객의 니즈를 파악하기 위한 것으로 어떤 방법이 있을까? 리서치 방법으로는 인터뷰, 설문 조사, 현장 고객 관찰, 소셜 미디어 분석, 구매 패턴 분석, 경쟁사 분석 등이 있다. 이러한 방법들을 활용하여 고객 리서치를 수행하면, 고객의 니즈와 선호도를 더욱 정확하게 파악할 수 있다. 하지만 이러한 고객 리서치는 단 한 번의 작업으로 끝내기 어렵다. 제품이나 시장의 변화에 따라 고객의 니즈와 선호도는 항상 변화하기 때문에 지속적으로 리서치를 수행하고 적극적으로 고객과의 소통을 이어 나가는 것이 중요하다.

또한, 고객 선호도나 요구 사항을 최대한 정확히 파악해야 한다. 요구 사항은 제품의 디자인, 가격, 기능, 품질 등 카테고리로 나눠야 하고 카테고리가 상세할수록 정확한 문제 인식과 해결이 가능하게 된다. 이렇게 상세한 데이터만이 상품 개발의 실패를 줄일 수 있다.

정리하면, 고객 니즈를 분석하고 이 데이터를 바탕으로 상품 기획 및 제작을 하는 시스템을 회사 내부에 장착하면 시간과 비용, 노동력을 절감시킬 수 있다. 단순한 프로세스이지만 그 결과는 큰 차이를 내게 된다.

2-13.
안정된 고객 관리 시스템 구축

과거에는 한 번 성공한 비즈니스로 평생 먹고산다는 말이 있었다. 처음 취업한 회사에서 평생을 일하는 것도 일반적이었다. 예전에는 당연하게 여겨졌던 일들이 이젠 생소해졌다. 이는 상품이나 서비스의 생명 주기가 지나치게 짧아졌기 때문이다. 이런 시대의 경영이란 참으로 어렵다. 우연히 성공을 만나더라도 지속적인 상품 개발이나 서비스 개선이라는 투자가 필요하다. 어쩌면 회사의 규모만큼 리스크도 함께 커진다.

리스크를 조금이나마 줄이려면, 상품과 서비스뿐만 아니라 회사 전체가 고객과의 접점을 구축해야 한다. 이 접점을 관리하는 방법이 바로 CRM이다. CRM(Customer Relationship Management)은 고객 관리를 위한 전략적인 프로세스와 시스템을 의미한다. CRM 시스템을 통해 기업은 고객과의 상호작용을 관리하고 고객 경험을 개선하며, 고객 유치 및 유지의 효율성을 높일 수 있다. 그럼 CRM을 효과적으로 활용하기 위한 방법은 무엇이 있을까?

첫째, 고객 데이터 수집이다. 고객 정보를 수집하고 관리해야 한다. 이러한 데이터는 구매 이력, 연락처 정보, 관심사 등이 해당한다. 이러한 데이터를 수집하고 분석하여 고객 프로필을 작성해 두면 고객에게 맞춤형 마케팅을 제공하는 데에 도움이 된다.

둘째, 고객 경험 개선이다. 구매를 경험한 고객이 주는 피드백을 수집하고 분석하여 제품 및 서비스 개선에 반영하는 것이 중요하다. 또한 고객과의 상호작용을 추적하고, 고객이 불만족스러운 경험을 한 경우 이를 해결할 수 있는 조치를 취하는 것도 중요하다.

셋째, 신규고객 유치 및 유지이다. 고객 세분화를 통해 타깃 고객층을 구체화하고, 이들에게 맞춤형 마케팅 전략을 적용해야 한다. 또한 이메일, SMS, 카카오톡 등 개인화된 커뮤니케이션 수단을 활용하여 고객과의 관계를 유지하는 것도 매우 중요하다.

넷째, 분석 및 평가이다. 고객과의 상호작용과 관련된 데이터를 수집하고 분석함으로써, 기업은 고객 행동을 예측하고 예방적으로 대응할 수 있다. 또한 이러한 데이터를 토대로 CRM 전략을 평가하고, 계속 개선해 나갈 수 있게 된다.

다섯째, 직원 교육과 훈련이다. 직원들에게 CRM의 중요성과 목표를 교육하고, CRM 시스템 사용법과 데이터 분석 능력 등을 향상시키는 교육과 훈련이 필요하다. 또한 고객 관리를 중점으로 하는 영업자들은 고객과의 원활한 소통 능력과 고객의 요구를 이해하고 충족시키는 능력을 필요로 하기 때문에 이러한 부분에 교육을 집중해야 한다.

최근에는 다양한 CRM 프로그램들이 제공되기 때문에 예전보다는 훨씬 편리하게 관리할 수 있다. 다만 모든 프로그램들이 각자의 조직에 최적화되어 있지는 않으니 적절한 프로그램을 찾는 것도 중요한 일이며, 이 프로그램을 보완하기 위한 지속적인 노력도 요구된다. 이러한 노력을 통해 회사와 고객과의 접점을 지속적으로 확대하고 안정적으로 유지하는 것이 리더의 중요한 역할 중 하나이다.

2-14.
개인과 조직의 판매력

회사는 상품이 팔리지 않으면 지속될 수 없다. 아무리 상품이 좋아도, 회사의 인력이 뛰어나고 시스템이 훌륭하다고 해도 매출이 발생하지 않으면 회사는 돌아가지 않는다. 물론 일정 기간은 매출이 부족하더라도 기술 개발과 시스템 안정을 위해 투자금으로 버틸 수는 있지만 결국엔 매출이 필요하다. 그래서 회사와 리더는 판매력을 가져야 한다.

그럼 판매력이란 뭘까? 이는 제품과 고객을 연결해 내는 힘을 뜻한다. 좋은 제품도 중요하고, 훌륭한 마케팅도 중요하겠지만 이 둘을 연결해 내는 힘이 가장 중요하다. 여기에 고객 응대력을 더하면 완벽한 판매력을 가지게 된다.

흔히 고객 응대력이라고 하면 리더의 대면 영업력을 생각하는 경우가 많다. 물론 리더가 직접 고객과 대면하여 영업 전선에 있는 경우에 다양한 장점은 있다. 우선, 인간적 신뢰감을 얻을 수 있고 고객에게 그 누구보다 자세히 설명을 전달할 수 있다. 그리고 리더가 직접 관여하고 있다는 느낌에 고객은 높은 만족도를 전달받는다. 그러나 회사의 규모가 커지게 되면서 이 장점들은 모두 단점으로 바뀌게 된다. 리더는 경영에 많은 시간을 쓰게 되면서 직접 고객을 만나 응대할 여력이 없어진다. 규모가 작을 때 응대를 했던 고객들은 여전히 같은 서비스를 기대하게 되고 리더가 아닌 담당자가 배정되는 경우 회사에 대해 실망감을 받기도 한다.

회사 규모의 성장에 따라 대면 영업을 위해서는 전문적인 영업 담당자가 필요하다. 리더보다 직원들이 더 많은 시간을 영업에 집중할 수 있기 때문에, 더 많은 고객과 더 넓은 지역을 커버할 수 있다. 또한 각자의 업무 분야에 대해 전문 지식과 경험을 가지고 있기 때문에, 고객에게 보다 전문적인 정보를 제공할 수도 있다. 이로 인해 리더는 더 중요한 경영 전략을 수립하고 기업의 방향성을 관리하는 데 더 많은 시간과 에너지를 투자할 수 있다.

리더는 마케팅 전략에 대해서도 꾸준히 공부해야 한다. 특히 최근에는 온라인 마케팅에 대한 이해도와 활용 능력이 정말 중요하다. 제품력이 좋아도 핵심 고객층에게 정확히 전달이 되어야 판매로 이어질 수 있다. 작게는 문자와 이메일을 활용한 노출부터 크게는 배너나 브랜드 광고까지 다양하다. 리더는 이 일을 대행 회사나 직원에게만 맡기지 말고 주체적으로 임해야 한다. 회사의 제품과 고객에 대한 정확한 이해를 바탕으로 지속적인 마케팅 연구가 필요하다.

2-15.
재무제표 관리

　재무제표는 회사의 성적표이며 노력의 결과가 수치화된 것이다. 한 마디로 요약하자면 회계 정보를 표로 나타낸 것으로, 회사의 재무 상태와 수익성, 활동성 등을 나타내어 중요한 경영 정보를 제공한다. 재무제표는 크게 손익계산서, 자산총계와 부채총계 등을 포함한 재무상태표, 현금흐름표로 구성이 된다. 이 자료는 1년에 한 번 결산을 통해 나오는데 규모가 커질수록 중요해진다.
　리더가 직접 경리 업무를 맡을 이유는 없지만, 재무제표의 내용은 정확히 이해를 해야 한다. 재무제표는 회사의 건강검진 결과표와 같다. 이를 이해하지 못하면 지금 정상인지, 어디가 아픈지 등을 알 수 없다. 재무제표상의 숫자들은 많은 것을 이야기하고 있다. 이 이야기를 잘 듣고 판단하는 것이 리더의 역할이다. 회계가 약한 상태로 경영을 지속하기란 불가능하다. 적어도 위에서 언급한 재무 3표(손익계산서, 재무상태표, 현금흐름표)만이라도 읽을 수 있어야 한다.
　회사는 일반적인 재무적 개념과는 다르게 움직일 때가 많다. 엄청난 적자에도 버티기만 하면 가치가 있을 때가 있고, 높은 영업 수익에도 규모를 줄여야 하는 상황도 있다. 그리고 대출이 많아도 현금 유동성만 충분하다면 문제가 없기도 하고, 흑자를 내도 현금이 막혀 무너지는 게 회사다. 즉, 회사의 존폐를 결정하는 데 재무제표와 함께 현금 유동성도 매우 중요하다.

리더는 자금운용표를 작성하고 활용해야 한다. 이 표를 활용하여 현재 잔고를 파악하여 회사의 자금 흐름을 예측해야 한다. 여기서 각 회사의 특성에 맞는 자금운용표가 필요하니 기존에 표가 있다고 해도 지속하여 개선해 나가야 한다.

현금 잔고에 대해서는 냉정한 입장을 취해야 한다. 가장 중요한 자세로는 곧 입금될 돈이라도 통장에 들어오기 전까진 회사의 유동성에서는 철저히 배제해야 한다. 이 돈이 입금될 것으로 예상하고 무리하게 자금 계획을 세우면 꼬이게 되는 경우를 자주 보게 된다. 물론 사업을 성장시키다 보면 어쩔 수 없이 타이트하게 자금을 돌리게 되지만 보수적으로 접근하고 현금을 지킬 필요가 있다. 월급, 협력 업체 대금 지급, 카드값 등 월 단위로 나가는 자금 일정은 반드시 지켜져야 한다. 약속을 쉽게 어기다 보면 신용을 잃게 된다. 잃게 된 신용은 다시 만드는 데는 많은 시간과 노력 그리고 비용이 드니 결국 손해가 된다.

아이러니하게 매출이 높아질수록 흑자 도산이 날 확률이 커진다. 매출을 내기 위해 투자와 선금이 들어가니 결제를 받기 전까진 안전하다고 볼 수 없다. 리더에게 흑자 도산만큼 비참한 일이 없다. 그러나 생각보다 많은 회사들은 대금 회수 문제로 무너지고 있다. 이걸 막기 위해선 현금 흐름을 강력하게 잡아야 한다.

    이처럼 회사가 성장할수록 자금 운용은 경영의 결정적인 요소가 된다. 재무제표를 잘 읽고 회사의 상태를 파악하고, 현재 보유한 현금을 유지하는 데 집중한다면 리스크를 줄일 수 있다.

2-16.
자금 차용에 대한 기준

경영에서 돈은 힘이며 조직을 움직이는 피와 같다. 그러니 돈은 많을수록 좋은 것이 당연하다. 그러나 대부분의 회사들은 늘 자금 부족에 시달리는 게 현실이다. 리더들의 가장 큰 고민 중 하나가 자금 확보인 이유도 여기에 있다.

기회가 많고 여유가 있는 회사는 은행에서 먼저 연락하여 대출을 권한다. 굳이 쓸 일이 없는데도 대출을 부탁하기도 한다. 반대로 기회도 없고 여유도 없는 초창기 회사는 대출을 받는 것도 몹시 어렵다. 리더의 신용도를 끌어다 사용하지만 이마저도 없는 회사는 사실상 대출 불가능에 가깝다. 아이러니하지만 이게 현실이다. 그래서 가족이나 친구들에게 도움을 요청하는 일이 생긴다.

성공한 리더들은 가까운 사람들을 통해 쉽게 자금을 조달하려고 해서는 안 된다고 강조한다. 크게는 두 가지의 이유가 있다. 첫 번째는 관계이다. 아무리 좋은 사이에도 돈이 엮이는 순간 의도와는 상관없이 관계에 금이 갈 수 있다. 실제로 우리 주변에서도 돈 때문에 관계가 틀어지는 경우를 종종 볼 수 있다.

당장의 사업도 중요하지만 긴 인생 동안 함께할 귀한 사람들에게 실망감을 준다면 보이지 않는 큰 손해를 보게 되는 것이다.

두 번째로 성장의 기회를 놓친다. 자금 조달은 사업을 하는 동안 지속적으로 해결해야 하는 대상이다. 단순히 궁여지책으로 몇 번 해결하면 끝이 나는 대상이 아니라는 것이다. 그래서 스스로 해결하는 에너지를 키워 내야 한다. 자금을 조달하는 것은 곧 리더의 능력을 인정받는 것과 같다. 중소벤처기업부 등 지원 기관에서 대출 및 지원금 지급을 위해 업체 선정 시에 사업 계획 및 리더의 능력이 평가 기준인 이유도 여기에 있다. 따라서 이 점수를 높이기 위해 부지런히 노력하는 과정에서 리더와 조직은 크게 성장하게 되는 것이다.

절대 하면 안 되는 것은 무리한 성장을 위해 아직 들어오지 않은 돈을 담보로 추가 자금 조달을 하는 것이다. 예를 들면, "한 달 뒤에 결재되는 건이 있는데, 그건 무조건 들어와. 지금 규모를 더 키워야 타이밍이 좋은데 혹시 한 달 정도만 돈 빌려주면 안 될까?"라는 식이다. 물론 당장 돈이 정말 급한 경우도 있으니 함부로 단언하여 말할 수는 없다. 그러나 무리한 성장을 위해서 욕심에 눈이 멀어 잘못된 선택을 한다면 리스크가 급속도로 높아지게 된다.

자금을 확보할 수 있는 곳 중 대표적인 곳만 알아보자면 중소벤처기업부와 그 산하에 기금관리형 준정부기관인 기술보증

기금과 신용보증기금이 있다. 이곳은 중소기업의 부족한 신용을 대신해 보증을 서 주는 기관이라고 이해하면 된다. 은행에서는 매출, 손익 등을 중심으로 본다면 이곳은 기업의 기술성, 성장성 그리고 리더의 업무 관련 능력 등을 중점으로 본다. 이곳을 통해 회사의 시드 머니가 마련된다. (이 외에도 다양한 기관에서 지원 사업이 있으니 적극 활용해야 한다.)

주변 사람들의 돈을 빌리는 것은, 물론 쉬운 자금 조달 방법이다. 그러나 쉬운 돈을 선택하여 관계와 성장을 놓치는 것보다는 느리게 가더라도 어려운 돈을 지향해야 한다. 안정적으로 자금을 확보해 나가기 위해서는 회사와 리더의 능력과 매력도를 향상시켜 나가는 게 중요하다. 이 부분이 해결되지 않으면 미래는 없다는 단호한 마음가짐으로 쉬운 돈보다는 어려운 돈을 선택하길 권한다.

2-17.
대화하는 능력

　리더십의 핵심은 대화에 있다. 조직은 결국 사람들의 합이고 이를 만들어 내기 위해선 중심에 선 리더의 대화 능력이 상당히 중요한 요소로 작용할 수밖에 없다. 대화는 단순히 정보를 주고받는 행위가 아니라, 상대방과 신뢰를 구축하고, 조직의 방향성을 공유하며, 문제를 해결하는 데 필수적인 도구다. 뛰어난 리더는 효과적인 대화를 통해 팀원들과 협력하고, 복잡한 상황에서도 명확한 의사소통을 이끌어 낸다.

　대화하는 능력은 리더십의 여러 측면에서 중요한 역할을 한다. 첫째, 팀원들과의 대화는 동기부여와 성과 향상의 열쇠다. 리더는 팀원들의 의견을 경청하고, 그들의 노력과 성과를 인정하며, 필요할 때는 피드백을 제공해야 한다. 이를 통해 팀원들은 자신이 조직의 중요한 구성원임을 느끼고, 더욱 적극적으로 참여하게 된다.

　둘째, 대화는 갈등을 해결하는 중요한 수단이다. 조직 내에서 갈등은 불가피하지만, 효과적인 대화는 이러한 갈등을 건설적인 방향으로 이끌 수 있다. 리더는 중립적인 자세로 상황을 파악하고, 모든 이해관계자의 입장을 고려한 후, 공감과 논리를 통해 문제를 해결하는 대화를 이끌어야 한다.

셋째, 외부 이해관계자와의 대화는 조직의 이미지를 구축하고, 장기적인 관계를 형성하는 데 중요하다. 고객, 파트너, 투자자와의 대화는 리더의 커뮤니케이션 능력을 시험하는 순간이며, 이 과정에서 리더는 조직의 가치를 명확히 전달하고, 신뢰를 쌓아야 한다.

대화하는 능력을 키우기 위해 리더는 몇 가지 원칙을 실천해야 한다. 먼저, 경청의 중요성을 인식해야 한다. 진정성 있는 경청은 상대방의 생각과 감정을 이해하고, 그들의 신뢰를 얻는 출발점이다. 다음으로, 명확하고 간결하게 말하는 법을 익혀야 한다. 혼란스럽고 길게 이어지는 대화는 의사소통의 효과를 떨어뜨릴 뿐이다. 마지막으로, 비언어적 요소를 활용하는 것도 중요하다. 표정, 몸짓, 목소리 톤은 말보다 더 강력한 메시지를 전달할 수 있다.

대화하는 능력은 리더십의 기초이자 성공적인 조직 운영의 필수적인 도구다. 리더는 대화를 통해 사람들과 연결되고, 조직의 목표를 명확히 하고, 도전에 직면했을 때 해결책을 제시할 수 있다. 효과적인 대화는 리더십의 본질을 반영하는 중요한 역량이다.

2장

리더의 성장

# Part 3
성장을 위한 마인드 세팅

3-1.
메타인지 능력을 키워라

리더는 매일 크고 작은 문제들과 마주한다. 때로는 상황의 긴급성에 떠밀려 즉흥적인 결정을 내릴 수밖에 없는 경우도 있지만, 이런 방식이 계속된다면 결국 방향을 잃게 된다. 리더는 눈앞의 문제를 해결하는 데 급급해하기보다는, 자신의 생각과 행동을 객관적으로 바라볼 수 있는 메타인지 능력을 반드시 길러야 한다.

메타인지 능력이란 간단히 말해 자신의 판단과 행동을 점검하고 개선할 수 있는 능력이다. 이걸 통해 리더는 잘하는 것과 못하는 것을 정확히 인지하여 시간과 노력을 투자할 수 있게 된다. 메타인지에서는 개인 스스로에 대한 것과 조직에 대한 것, 둘 다 중요하다. 이 능력이 없다면 리더는 늘 상황에 휘둘리게 되고, 조직은 리더의 불안정함이라는 리스크가 생긴다.

    리더 개인에 대해선 정말 냉정한 입장으로 판단해야 한다. 사업적 능력, 타인과의 관계, 체력, 인성, 자금력 등 다양한 분야에서 입체적으로 평가해야 한다. 때론 부정적인 입장에서 스스로의 뛰어남도 부인할 필요가 있다. 그 이유는 부족함을 절실히 느끼기 위해서이다. 그래야 발전을 위한 에너지가 된다. 또한, 조직의 잘못과 실패도 개인의 부족에서 시작되었다는 마음을 먹는다면 리더는 발전할 수 있는 결론으로 귀결된다.

    조직에 대해서도 냉정한 평가는 마찬가지다. 그러나 리더 개인보다는 좀 더 긍정적으로 볼 필요가 있다. 이유는 냉정한 판단을 하다 보면 임직원에 대한 부정적인 평가로 생각이 흘러갈 수 있기 때문이다. 물론 각 파트별로 부족한 부분을 체크하고 개선하기 위한 전략을 수립해야 한다. 그것이 메타인지를 기반으로 한 전략 수립이다. 그러나 조직의 부족함에 대해 평가하는 리더의 자세는 "모든 문제는 나에게 있으며 내가 더 노력해야겠다."라는 결론으로 마무리 하는 게 여러 가지로 좋다.

    리더는 단순히 문제를 해결하는 사람이 아니다. 조직의 방향을 잡아주고, 팀원들이 흔들리지 않도록 중심을 잡아 주는 사람이다. 메타인지 능력은 이러한 역할을 수행하는 데 있어 필수적인 도구다. 리더가 스스로를 돌아보고 발전시킬 때, 조직은 비로소 리더의 진정한 가치를 경험하게 된다.

3-2.
실패는 당연, 성공은 우연, 지속은 실력

　리더는 실패를 두려워해서는 안 된다. 사업에서 실패는 필연적인 과정이며, 이를 기준으로 삼아야만 진정한 성장이 가능하다. 성공은 우연히 찾아올 수 있지만, 그 성공을 지속하는 것은 실력이다. 이를 이해하지 못하면 결국 우연히 얻은 성공에 취해 나락으로 떨어질 위험이 크다.

　앞서 말한 것과 같이 우연한 성공은 위험하며 오히려 작은 실패를 여러 번 만나는 것이 지나고 나면 행운이다. 그러나 이건 알고도 임하기 어려운 과정이다. 어떻게 당장의 이익보다 실패를 우선시할 수 있겠는가? 그러니 사업은 외로움과 고통의 연속이다. 그럼에도 실패를 기준으로 삼고 이를 개선할 때, 비로소 성공으로 나아갈 수 있다는 것을 다시 한번 명확하게 새기자. 실패는 단순히 부정적인 경험이 아니라, 조직과 리더 모두에게 가장 귀중한 데이터다.

　1장에서도 언급했듯이 신사업이나 신제품을 도입할 때 대부분의 시도는 실패한다. 그렇다면 실패를 두려워하지 말고, 그 실패를 통해 배울 수 있는 모든 것을 배워야 한다. 실패를 분석하고, 리스크를 줄이는 방향으로 전략을 수정하면 된다. 중요한 것은 실패 후에 어떤 행동을 취하느냐이다.

또한, 팀원들의 실패 역시 리더가 놓쳐서는 안 되는 중요한 교육의 기회다. 팀원이 실수했을 때 이를 질책하기보다는 그 실수에서 무엇을 배울 수 있는지 함께 고민해야 한다. 실패는 팀원들이 더 큰 책임을 감당할 수 있는 리더로 성장하는 과정이기도 하다. 실패를 반복하지 않도록 시스템을 개선하고, 실패를 통해 얻은 교훈을 조직 전체가 공유할 수 있도록 해야 한다.

실패를 기준으로 삼는 리더는 성공을 단순히 운에 맡기지 않는다. 대신, 실패를 통해 얻은 통찰력과 데이터를 바탕으로 지속 가능한 성장을 이루어 낸다. 사업에서 가장 위험한 것은 실패가 아니라, 실패를 인정하지 않는 것이다. 실패를 두려워하지 않고 이를 기준으로 삼을 때, 비로소 리더와 조직은 흔들리지 않는 기반 위에서 성장할 수 있다.

3-3.
부정적 태도의 긍정적 효과

　리더는 사업을 운영하면서 위기의식을 느껴야 한다. 항상 모든 것이 순조롭게 진행될 것이라는 막연한 기대는 오히려 리더십에 약점을 드러낼 수 있다. 피해망상적 태도나 부정적인 태도는 일반적으로 비판받는 성격으로 여겨지지만, 리더의 입장에서는 위기감을 느끼고 데이터를 면밀히 점검하게 하는 중요한 자극제가 된다.

　피해망상적 태도란 단순히 부정적으로 상황을 바라보는 것이 아니다. 이는 문제를 미리 상정하고 그 해결 방안을 준비하는 사고방식이다. 예를 들어, 새로운 제품 출시를 준비하는 과정에서는 "만약 고객의 반응이 차갑다면?"이라는 질문을 던져야 한다. 이 질문은 단순히 비관적인 생각이 아니라, 출시 후 발생할 수 있는 문제를 예측하고 대비하는 데 도움을 준다.

　리더는 돌다리를 두드리는 습관을 가져야 한다. 데이터 분석, 팀원들의 의견 수렴 그리고 외부 전문가의 조언을 통해 가능한 한 리스크를 철저히 점검해야 한다. 이러한 과정에서 '부정적 태도'는 프로젝트의 구멍을 미리 발견하게 해 주는 중요한 도구로 작용한다.

　부정적인 태도가 긍정적인 효과를 내기 위해서는 몇 가지 원칙이 필요하다. 첫째, 부정적인 관점은 항상 대안을 전제로 해야 한다. 단순히 문제만 제기하는 것이 아니라, '그렇다면 어떻게 해결할 것인가?'를 고민해야 한다. 둘째, 리더가 이러한 태도를 팀원들과 공유할 때는 신뢰를 기반으로 해야 한다. 부정적인 태도가 팀원들에게 불안을 조성하지 않도록, 오히려 더 나은 준비를 위한 과정임을 설명해야 한다.

　피해망상적 태도와 부정적 태도는 리더십에 있어 위험 요소가 아니라 강력한 방어 수단이 될 수 있다. 리더는 최악의 상황을 항상 염두에 두고, 이를 통해 조직의 안정성을 확보해야 한다. 단, 이러한 태도가 조직에 불필요한 두려움을 조성하지 않도록 균형을 유지해야 하며, 이를 통해 더욱 단단한 사업 운영의 기반을 만들어 나가야 한다.

3-4.
바쁘다는 방패막이를 버려라

리더가 하는 가장 큰 착각 중 하나는 "'바쁨'이 곧 생산성과 동의어"라는 것이다. 많은 리더가 쉴 새 없이 일하는 자신의 모습을 통해 위안을 얻지만, 정작 중요한 문제는 해결되지 못한 채 방치되기도 한다. 바쁨은 때로는 방패막이가 되기도 한다. 진정으로 고민해야 할 문제를 미뤄 두고, 당장의 바쁜 일정에 몰입하며 스스로를 합리화하는 것이다.

대부분의 리더들은 정말 바쁘다. 매일같이 끝없이 쏟아지는 회의, 이메일, 고객 응대에 매달려야 하고 이 모든 것이 회사를 위한 헌신이라고 믿는다. 그러나 돌이켜 보니, 정작 중요한 전략적 의사결정은 소홀히 하게 되고, 회사는 단기적 업무에만 매달려 방향성을 잃게 된다.

리더는 바쁨을 넘어서 '중요한 일'과 '덜 중요한 일'을 구분할 수 있어야 한다. 이를 위해 가장 먼저 해야 할 일은 자신의 시간을 철저히 분석하고, 무엇이 진정으로 조직을 앞으로 나아가게 하는지 파악하는 것이다. 예를 들어, 반복적인 업무나 다른 사람도 충분히 처리할 수 있는 일에 시간을 낭비하고 있지는 않은지 살펴봐야 한다. 리더가 전략적으로 사고하고 장기적인 비전을 제시하는 시간은 비즈니스의 지속 가능성을 위해 필수적이다.

바쁨의 함정을 극복하기 위해 다음과 같은 원칙을 제안한다. 첫째, 우선순위를 명확히 정하라. 매일 아침 가장 중요한 세 가지 목표를 설정하고, 이 목표에 집중하라. 둘째, "아니요."라고 말하는 법을 익혀라. 모든 요청에 긍정적으로 대응하다 보면 자신의 핵심 업무는 뒷전으로 밀리기 마련이다. 셋째, 위임을 두려워하지 마라. 리더는 모든 일을 직접 처리할 필요가 없다. 오히려 팀원들에게 책임을 부여하고, 그들의 성장을 도모해야 한다.

리더가 바쁨을 방패막이로 삼는 것은 조직의 성장에 독이 된다. 리더는 자신의 시간과 에너지를 중요한 일에 집중해야 한다. 바쁘다는 착각에서 벗어나, 진정으로 필요한 문제를 해결하기 위해 자신의 역할을 재정의해야 한다. 이는 조직을 지속 가능한 성장으로 이끄는 리더십의 본질이다.

3-5.
함부로 상상하지 말라

리더는 상상력을 활용해야 한다는 조언을 종종 듣는다. 그러나 이는 상상에 대한 맹목적인 권장과 다르다. 리더의 상상은 현실에 뿌리를 둔 것이어야 하며, 함부로 미래를 낙관하거나 비현실적인 기대를 가지는 것은 오히려 조직에 독이 될 수 있다. 함부로 상상하는 태도는 근거 없는 희망과 과도한 리스크를 초래하며, 조직의 자원과 시간까지 낭비하게 만든다.

사업을 확장해 나가다 보면 새로운 시장에 진입하고자 할 때 낙관적인 예측을 기반으로 전략을 세우게 되는 경우가 있다. 낙관적이기만 한 예측과 구체적이지 못한 수익 모델 그리고 피상적인 시장 조사까지 겹친다면 상황은 더욱 안 좋아진다. "이 정도면 잘 될 것이다."라는 막연한 기대는 결국 투자금을 모두 날리는 결과를 가져올 수밖에 없다. 리더로서 현실에 기초하지 않은 상상으로 사업을 한다는 것은 정말 경계하고 또 경계해야 한다.

리더는 상상 대신 구체적인 데이터를 바탕으로 계획을 세워야 한다. 시장 분석, 고객 피드백, 경쟁사의 움직임 등 현실에서

도출된 정보를 적극적으로 활용해야 한다. 또한, 상상력이 반드시 필요할 때조차 그것이 현실과 얼마나 접점을 가지는지 검토하는 자세가 요구된다. 상상은 창의적 사고의 원동력이 될 수 있지만, 무모한 도약의 이유가 되어서는 안 된다.

조직 내에서도 함부로 상상하는 태도를 억제하는 문화가 필요하다. 예를 들어, 팀원들이 제안한 아이디어를 검토할 때, 단순히 가능성만을 논하지 말고 현실적인 실행 가능성과 리스크를 점검해야 한다. '왜 가능하다고 생각하는가?'와 같은 질문을 던져, 상상을 근거로 연결할 수 있는 과정을 만들어야 한다.

리더는 함부로 상상하지 말고, 현실에 기반한 상상력을 발휘해야 한다. 이는 조직의 자원을 효율적으로 사용하고, 비즈니스의 방향성을 흔들림 없이 유지하는 데 필수적인 태도다. 상상력이 조직에 날개를 달아 줄 수도 있지만, 그 날개는 단단한 현실이라는 뼈대를 가져야 비로소 날아오를 수 있다.

3-6.
평범, 노력, 초월

비행기는 빠른 속도로 달릴 수 있다. 그러나 달리는 것과 이륙하는 것은 전혀 다르다. 비즈니스도 마찬가지로, 단편적인 긍정적 상황이 영속적인 성공을 보장하지는 않는다. 많은 리더들이 이 점을 간과하며, '계속된 성공으로 이어질 것이다.'라는 위험한 생각에 빠지곤 한다. 실제로 성공을 지속적으로 유지하기 위해서는 처음 성공을 달성할 때보다 더 많은 노력이 요구된다. 이를 인식하지 못하는 조직은 결국 위기에 직면하게 된다.

우리 모두는 열심히 일한다고 생각하지만, 이는 착각일 수 있다. 우리의 노력이 단지 평범한 수준에 불과하다면, 더 열심히 일을 한 개인이나 조직에는 이길 수 없다. 세상은 냉정하다. 사업은 아주 느리면서 적이 누구인지 모르는 아리송한 게임으로 비교할 수 있다. 그래서 웬만한 노력으론 보이지 않는 적을 이길 수 없다. 평범의 단계에 있기엔 불안하다는 뜻이다.

개인과 조직이 평소보다 더 많은 시간과 자원을 투자하면, 그때 진정한 노력의 단계에 접어들게 된다. 이런 과정을 통해 경쟁자를 앞서 나갈 수 있으며, 업무에 깊이 몰입할 수 있는 기반을 마련할 수 있다. 노력의 단계도 지속하기 쉽지 않고 특히 조직이 전체적으로 노력 단계를 유지하는 건 정말 힘들다. 때론 이룬 것도 없는 상황에서 임직원들을 설득하며 노력을 요청해야 될 수도 있다. 그럼에도 해야 한다. 그것이 리더의 역할이다.

그러나 성공한 사람들이 말하는 '초월' 단계는 완벽히 다르다. 초월은 모든 것을 걸고 사업에 몰두하는 것을 말한다. 몇 년 동안 회사에서 밤낮으로 일하며, 완벽한 몰입을 유지하게 되고 이런 몰입은 평범하거나 단순한 노력과는 비교할 수 없는 성과를 만들어 낸다. 가장 성공한 사업가로 알려진 일론 머스크도 이 '초월' 단계로 일하는 것의 중요성을 강조했다.

세상은 공평하다. 모든 이가 초월적인 상태로 경쟁 우위를 확보할 수 있는 것은 아니다. 그러나 사업을 선택했다면, 빠른 성장을 위해 단기간 동안은 초월적인 자세를 선택하는 것이 필요할 수 있다. 이는 사업가로서 우리가 직면할 수 있는 가장 강력한 도전 중 하나이다.

3-7.
시간의 개념을 바꿔라

　리더는 시간의 개념을 단순히 흘러가는 것으로 이해해서는 안 된다. 헬라어로 시간을 표현하는 두 가지 개념이 있다. 물리적 시간인 크로노스(Kronos)와 가치적 시간인 카이로스(Kairos)이다. 이 두 가지 개념을 제대로 이해하고 활용하는 것은 리더로서 생각해 볼 부분이다. 많은 리더들이 크로노스에만 매몰되어 하루를 쪼개 쓰는 데 집중하지만, 결국 중요한 기회를 놓치는 경우가 많다.

　크로노스는 물리적으로 흐르는 시간이다. 하루 24시간, 일주일 7일과 같은 일정한 리듬을 뜻한다. 이는 조직의 운영에서 반드시 관리해야 할 요소다. 프로젝트의 마감일, 매출 목표의 달성 시간 등은 크로노스의 범주에 속한다. 크로노스를 관리하지 못하면 조직은 혼란에 빠지고 생산성을 잃게 된다. 리더는 이 시간의 틀 안에서 체계적인 계획을 세우고, 조직이 효율적으로 움직이도록 해야 한다.

　그러나 진정한 리더십은 카이로스의 시간 개념을 이해하는 데서 시작된다. 카이로스는 특정 순간에 찾아오는 기회를 뜻한다. 이는 물리적으로 측정할 수 없으며, 오직 준비된 리더만이 이 시간을 붙잡을 수 있다. 예를 들어, 시장의 변화나 고객의 니즈를 읽고 새로운 비즈니스 기회를 포착하는 것은 카이로스의 영역이다. 이러한 기회는 일정표에 기록되지 않지만, 리더에게 결정적인 전환점을 제공할 수 있다.

중요한 건 시간을 어떻게 사용하는가에 따라 그 가치가 달라질 수 있다는 믿음에 있다. 초월 단계로 집중하여 업무를 하면서 1년을 보낸다면 크로노스 개념에서는 같지만 카이로스 개념에선 비교할 수 없는 차이를 만들어 낼 것이다. 리더는 이 부분에 집중해야 한다. 조직원들도 이 부분을 이해하여야 한다. 물리적인 시간 외에도 업무 시간의 가치를 높일 수 있는 카이로스적 발상이 필요하다.

즉, 리더는 크로노스와 카이로스를 균형 있게 활용해야 한다. 크로노스는 조직의 운영을 위해 필요하며, 카이로스는 조직의 성장을 위한 도약의 순간을 제공한다. 크로노스를 효율적으로 사용하면서도, 카이로스를 놓치지 않기 위해 항상 안테나를 세우고 있어야 한다는 말이다. 이를 위해 정기적으로 자신과 조직을 돌아보고, 외부 환경의 변화를 주의 깊게 살펴야 한다.

시간은 단순히 흘러가는 것이 아니다. 시간은 리더가 다룰 수 있는 강력한 도구다. 크로노스와 카이로스를 이해하고 활용하는 리더는 단순히 하루를 채우는 사람이 아니라, 조직의 미래를 준비하는 사람이 된다. 시간을 다시 정의하고, 그 속에서 진정한 리더십을 발휘하라.

3-8.
신뢰와 속도

　리더는 종종 속도와 신뢰에 대해 고민한다. 빠르게 결정하고 행동하는 것이 효율적이라는 인식이 강하지만, 속도가 신뢰를 대체할 수는 없다. 오히려 지나치게 빠른 결정은 팀원과 조직 내 신뢰를 훼손할 위험이 있다. 신뢰와 속도의 관계를 이해하는 것은 리더십의 중요한 과제다.

　리더들은 속도를 최우선시하며 조직을 운영하기도 한다. 빠르게 결론을 내리고, 즉각적으로 실행에 옮기는 것이 좋은 리더십이라고 생각할 수 있다. 그러나 단기적으론 좋을 수 있으나 장기적으로 볼 땐 위험한 방식이다. 팀원들은 리더의 결정이 충분히 숙고되지 않았다고 느끼게 되고, 리더를 신뢰하지 못하게 된다.

　신뢰는 시간과 과정에서 형성된다. 리더가 충분히 생각하고 논의한 후 내리는 결정은 조직 내 신뢰를 쌓는 기초가 된다. 예를 들어, 중요한 전략적 전환을 앞둔 상황에서 리더가 충분한 정보를 수집하고, 팀원들의 의견을 반영하여 최선의 결론을 도출했다면 팀원들은 그 결정을 신뢰할 수 있다. 반면, 모든 단계를 생략하고 단지 빠른 결론에 도달하는 것은 팀원들의 참여와 지지를 잃게 만든다.

그러나 신뢰와 속도는 반드시 대립하는 개념은 아니다. 신뢰를 기반으로 한 속도는 오히려 조직의 효율성을 높일 수 있다. 팀원들이 리더를 신뢰한다면, 리더의 지시에 따라 신속히 움직이는 것이 가능하다. 따라서 속도는 신뢰를 바탕으로 할 때만 진정한 가치를 가진다. 즉, 조직 문화가 신뢰를 기반으로 할 때까지는 속도를 내기보다 방향을 중시하며 다져야 한다는 말이다.

신뢰를 기반으로 한 조직 문화가 형성된 이후에는 균형을 잡는 것이 중요하다. 첫째, 중요한 결정일수록 숙고하는 시간을 충분히 확보해야 한다. 팀원들과 정보를 공유하고, 의견을 수렴하며, 최선의 방안을 찾는 과정을 거쳐야 한다. 둘째, 반복적이고 단순한 업무에서는 속도를 올리는 데 집중할 수 있다. 이를 통해 신뢰를 훼손하지 않으면서도 효율성을 유지할 수 있다. 셋째, 팀원들에게 속도의 필요성과 이유를 명확히 전달해야 한다. 이러한 투명한 소통은 속도와 신뢰를 동시에 지킬 수 있는 기반이 된다.

빠르다고 해서 항상 효율적이지는 않다. 리더는 속도와 신뢰의 관계를 이해하고, 두 가지 요소를 균형 있게 다룰 수 있어야 한다. 신뢰는 느리게 쌓이지만, 빠르게 무너질 수 있다. 속도를 올리기 전에 신뢰라는 기반이 탄탄한지 점검하라. 이는 리더십의 지속 가능성을 결정짓는 중요한 요소다.

3-9.
경쟁하지 말라

　리더는 경쟁에 집착하지 않아야 한다. 리더들은 '경쟁에서 이겨야 한다'는 사고방식에 사로잡혀 있지만, 이는 장기적인 관점에서 조직을 소모시키고 방향성을 잃게 할 수 있다. 경쟁은 필요할 때만 활용해야 하는 전략일 뿐, 리더십의 본질은 아니다.

　자신의 제품이나 서비스를 어느 정도 확보하여 판매할 준비를 갖춘 기업들은 다음으로 경쟁을 중심에 둔 전략을 수립하여 실행하는 경우가 많다. 시장 점유율을 확대하기 위해 경쟁사와 비교하며 가격을 낮추고, 더 많은 마케팅 예산을 투입하기도 한다. 하지만 이러한 경쟁에만 초점을 맞춘 접근은 단기적인 성과만을 가져올 뿐, 장기적으로는 조직의 정체성과 핵심 가치를 희석시킬 가능성이 더 높다. 경쟁은 필요하지만, 그것이 목표가 되어서는 안 된다는 것이다.

　리더는 경쟁이 아닌 가치 창출에 집중해야 한다. 경쟁사보다 더 나은 제품을 제공하거나 더 저렴한 가격을 제시하는 것보다, 고객이 진정으로 원하는 가치를 이해하고 이를 충족시키는 것이 중요하다. 예를 들어, 단순히 더 많은 고객을 확보하기보다는 기존 고객과의 신뢰를 강화하고, 장기적인 관계를 구축하는 데 초점을 맞추는 것이 지속 가능한 성장으로 이어질 수 있다.

경쟁을 피하려는 노력은 회사의 가치를 날카롭고 명확하게 만들게 한다. 모든 걸 잘하기보다는 날카롭게 만들어진 가치로 경쟁을 피해 독자 행보 할 수 있으며 회사의 생존 가능성도 월등히 높인다. 이렇게 날카롭게 만들다 보면 너무 협소한 시장으로 진입하게 되는 경우도 있으나 괜찮다. 협소한 시장에서 1등의 경험을 조직에게 선사할 수 있고, 이후 전문성을 더욱 쌓으면서 차별화된 서비스를 지속해서 제공할 수 있다면 훌륭한 사업적 전략이다. 경쟁을 피해 안정적인 캐시카우를 유지하면서 횡적·종적 성장을 시도하면 사업 확대는 충분히 가능하다.

경쟁은 도구일 뿐이다. 리더는 경쟁을 넘어, 조직만의 고유한 가치를 창출하고 이를 기반으로 지속 가능한 성장을 이끌어야 한다. 경쟁하지 말라는 것은 무작정 경쟁을 피하라는 뜻이 아니다. 그것은 경쟁에 집착하지 않고, 본질에 집중하라는 뜻이다. 진정한 리더는 경쟁에서 이기는 사람이 아니라, 자신만의 길을 개척하는 사람이다.

3-10.
기업의 사회적 책임과 공헌

사업의 본질은 단순히 수익을 창출하는 데 있지 않다. 리더는 자신의 사업이 사회에 어떤 가치를 제공하는지 끊임없이 고민해야 한다. 업종에 따라 구체적인 방식은 다를 수 있지만, 공통적으로 사업은 사회에 공헌하는 것을 기본으로 해야 한다. 이는 고객, 지역사회 그리고 더 넓게는 인류의 발전에 기여하는 것을 의미한다.

이는 참 어려운 일이다. 사실 생존도 어려운 게 중소기업의 상황인데, 사회적 책임까지 생각하기는 불가능해 보인다. 그럼에도 불구하고 회사의 규모가 작을 때부터 이 고민을 해야 한다. 그 이유는 무엇일까? 결론부터 이야기하면 결국, 리더 자신을 위한 길이다. 이타적인 행위가 오히려 개인에게 이익이 되는 게 사업이 가진 오묘함이다.

사업은 '사회 속에서 사람들에게 가치를 주는 행위'이다. 그리고 회사를 위해 일하는 임직원들이 그 성과를 만들어 낸다. 임직원을 진심으로 돕고 사회에 도움이 되는 사업을 하겠다는 마음을 먹어야만 지속 성장이 가능한 회사가 되며 최종적으로 나에게 이익이 되는 선순환이 발생한다는 것이다.

사업이 사회에 공헌하는 방식은 다양하다. 예를 들어, 친환경 제품을 개발하여 환경 문제 해결에 기여하거나, 지역사회에 필요한 일자리를 창출하여 경제를 활성화하는 것도 사회 공헌의 한 형태다. 또한, 기업의 핵심 가치를 기반으로 한 윤리적 경영은 고객에게 신뢰를 제공하고, 장기적인 관계를 구축하는 데 도움이 된다. 이러한 공헌은 단순한 마케팅 수단을 넘어, 조직의 지속 가능성을 높이는 중요한 요소다.

그리고 리더의 마음을 편하게 만들기 위함도 있다. 대부분의 리더들은 사업을 통해 돈을 버는 게 어렵다고 입 모아 이야기한다. 그럼에도 사업을 영위해야만 한다. 잘 모르고 시작했든 알고도 힘든 길을 가든 간에 리더는 마음을 이타적으로 먹지 않으면 마음이 너무 고단해진다. 매월 월급을 내보내는 것, 세금을 내는 것 모두 절대 쉽지 않다. 당연히 해야 되는 것도 괜히 억울하고 손해 보는 것 같은 마음을 가지는 게 인간인지라, 애초에 이타적으로 마음을 가지는 게 마음 관리에 유리하다.

이타적인 행동을 통해 결국 개인과 조직 모두에 이익을 가져다주는 관점을 채택함으로써, 우리는 사업의 어려움을 넘어 그 이상의 가치를 추구할 수 있다. 이러한 사고방식은 비즈니스 결정과 행동에 깊은 의미와 목적을 부여하며, 사회 전체에 긍정적인 변화를 일으키는 원동력이 될 수 있다. 이는 리더 스스로의 관리에서도 중요한 측면이니 모든 사업가가 깊이 고민하고 통찰해야 할 주제일 것이다.

3-11.
회사 자금에 대한 자세

리더에게 회사의 자금은 단순한 자산이 아니다. 이는 조직의 생존과 성장을 결정짓는 중요한 자원일 뿐만 아니라, 조직 구성원, 고객, 나아가 사회 전체와의 약속을 상징한다. 리더가 이 자금을 어떻게 관리하느냐에 따라 조직의 지속 가능성과 신뢰성이 좌우된다. 이러한 관리는 리더의 철학과 직결되며, 그 철학이 조직 문화와 윤리의 기준을 설정하게 된다.

회사 자금과 개인 자금의 구분은 법적으로 명확히 규정되어 있음에도 불구하고, 실천하는 것이 생각보다 쉽지 않다. 일부 리더들은 자신의 월급을 낮추고 회사의 법인 카드를 개인적인 용도로 사용하는 것을 당연하게 여기는 경우가 더러 있다. 이는 단순한 방법론의 차이가 아니라, 법적으로도 문제가 될 수 있다. 무엇보다 조직 문화를 위해서도 부적절한 행동이다. 특히 중소기업의 경우, 대표가 곧 회사의 대주주인 경우가 많다. 즉, 회사 내에서 강력한 힘을 가질 수 있기 때문에 오히려 경계를 설정하고 명확한 자세를 유지하는 것이 더욱 중요하다. 올바른 기준과 원칙을 설정하고 그에 따라 행동함으로써만 조직 내에서 신뢰를 구축하고 잠재적인 사고를 방지할 수 있다.

또한, 회사의 자금은 현재를 지키고 미래를 만들 수 있는 핵심적인 자원이다. 여러 번 언급한 대로 현금은 피와 같아서 현금 유동성을 관리한다는 것은 현재를 지키기 위한 가장 중요한 활동이다. 그리고 단기적인 성과에만 투자하기보다는 장기적인 비전을 위해서도 예비 자금을 마련하고, 필요할 때 과감히 사용할 수 있는 준비가 필요하다.

회사 자금은 책임을 실천하는 도구로서도 중요하다. 협력업체와의 관계에서 결제일은 가장 중요한 약속이다. 약속한 대금을 지급하는 건 제공한 서비스에 대한 인정이며 향후 상호 간의 협력 지속성을 보장한다. 이런저런 이유로 입금을 미루는 것만큼 빠르게 신뢰를 잃는 것도 없다. 사업은 혼자 할 수 없다. 협력업체와의 관계와 평판도 중요하며 외부 사회에도 긍정적인 영향을 미쳐야 한다. 또한, 내부적으로도 대금 지급이 불안정하다면 임직원들은 일을 하는 데 굳이 경험하지 않아도 되는 불편함과 고통을 겪게 된다.

회사 자금은 단순히 쓰고 버는 것이 아니라, 조직의 철학과 방향성을 보여 주는 거울과도 같다. 리더는 돈을 정의하고 사용하는 방식에서 자신의 가치를 드러낼 수 있으며, 이를 통해 조직의 신뢰와 지속 가능성을 확보할 수 있다. 즉, 돈을 어떻게 사용하는지가 리더십의 수준을 결정짓게 된다.

3-12.
효과와 효율

　리더는 효과와 효율의 차이를 명확히 이해해야 한다. 효과는 '올바른 일을 하는 것'을, 효율은 '일을 올바르게 하는 것'을 뜻한다. 이 두 가지는 상호 보완적이지만, 상황과 조직의 목표에 따라 우선순위가 달라질 수 있다. 리더십의 본질은 효과와 효율을 조화롭게 조율하여 조직의 성과를 극대화하는 데 있다.
　효과와 효율의 중요성을 이해하기 위해 먼저 효과를 살펴보자. 효과는 올바른 목표를 설정하고 이를 달성하는 것을 의미한다. 예를 들어, 한 글로벌 기업이 신제품 출시를 위해 초기 시장 조사와 고객 분석에 많은 자원을 투자한 사례를 들 수 있다. 이 과정은 시간과 비용 면에서 비효율적으로 보였지만, 고객이 진정으로 원하는 가치를 반영한 제품을 선보이며 시장에서 큰 성공을 거뒀다. 이는 효과를 우선시하는 것이 조직의 장기적인 경쟁력을 강화하는 데 얼마나 중요한지를 잘 보여 준다.
　반면, 효율은 주어진 목표를 달성하는 과정에서 자원을 얼마나 적절히 활용했는지를 측정한다. 내부 프로세스를 개선하고 불필요한 낭비를 줄이는 것이 효율의 핵심이다. 그러나 효율에 지나치게 집중하다 보면, 중요한 목표를 간과할 위험이 있다. 실제로 한 기업이 비용 절감을 위해 품질 관리 단계를 간소화했으나, 이로 인해 제품 신뢰성을 잃고 고객 이탈이 가속화된 사례가 있다. 이는 효율만을 강조한다면 조직이 방향성을 잃을 수 있다는 점을 상기시킨다.

효과와 효율의 균형을 유지하기 위해 리더는 몇 가지 원칙을 따라야 한다. 첫째, 명확한 목표 설정이 가장 중요하다. 목표가 불명확하면 효율적으로 실행된 모든 작업도 의미를 잃게 된다. 둘째, 팀원들과 목표를 공유하고 이를 조직의 전반적인 비전과 연결해야 한다. 셋째, 필요할 경우 효율을 잠시 희생하더라도, 장기적인 가치를 창출할 수 있는 방향으로 나아가야 한다.

이것은 선택의 문제가 아니라, 상황에 따라 우선순위를 달리해야 하는 균형의 문제다. 단기적으로는 효율이 더 큰 성과를 보장할 수 있지만, 장기적인 조직의 지속 가능성과 성장은 효과에 의해 좌우된다. 리더는 이 두 가지를 적절히 결합함으로써 조직의 비전을 실현하고, 팀원들에게 명확한 방향성을 제시해야 한다.

3-13.
변화를 다루는 기술

변화는 사업을 하면서 끊임없이 찍어야 하는 변곡점이다. 성장을 위해서는 반드시 변화를 선택해야 하는데 이는 기회를 제공하면서 반대로 심각한 위기도 초래할 수도 있다. 리더는 변화를 단순히 성장을 보장해 주는 활동으로 볼 게 아니라 회사가 취약해지는 순간으로 보고 각오해야 된다는 말이다. 그런데 앞에서 언급하기를 기업의 존재 가치는 성장에 있다고 했다. 그렇다면 필수적으로 취약해지는 시기를 겪어야 한다는 말과 같다. 따라서 변화에서 발생하는 다양한 요소를 전략적으로 관리해 나갈 수 있는 능력이 필요하며 이를 통해 리스크를 줄이고 기회를 만들어 내야 한다.

변화는 예고 없이 찾아오는 경우도 많다. 이는 외부 환경의 변화, 기술의 발전, 고객의 요구 변화, 또는 내부 조직의 구조 조정 등을 포함한다. 리더는 이러한 변화가 가져오는 가능성과 위험성을 모두 인지하고, 이를 기회로 전환할 수 있는 능력을 길러야 한다. 변화는 그 자체로 중립적이다. 이를 긍정적 혹은 부정적으로 만드는 것은 변화에 대응하는 리더의 태도와 기술이다.

변화를 다루는 기술의 핵심은 준비와 적응에 있다. 리더가 해야 할 준비는 다음과 같다. 첫째, 리더는 항상 변화에 대비해야 한다. 이는 리더 자신뿐만 아니라 조직 전체가 유연성을 유지할 수 있도록 체계를 갖추는 것을 의미한다. 예를 들어, 지속적인 학습과 데이터 분석을 통해 시장의 움직임을 예측하고, 변화가 필요할 때 빠르게 대응할 수 있는 준비가 되어 있어야 한다. 둘째, 변화가 발생했을 때 리더는 팀원들이 변화를 수용하고 적응할 수 있도록 도와야 한다. 이는 명확한 소통, 단계적인 접근 그리고 심리적 안전감을 제공하는 것을 포함한다.

리더는 변화가 제공하는 성장의 기회를 놓치지 않아야 한다. 새로운 시장 진입, 혁신적인 기술 도입, 조직 문화 개선 등은 모두 변화를 통해 가능하다. 리더는 변화를 통해 장기적인 성과를 창출할 수 있는 방안을 고민해야 한다. 하지만 변화는 성과와 동시에 위기를 초래할 수 있는 잠재력을 지닌다. 조직 내 혼란이 발생하거나, 리더십에 대한 신뢰가 떨어질 위험이 있다. 따라서 변화는 신중하게 관리되어야 한다.

결론적으로 리더는 조직이 변화를 성장의 동력으로 활용할 수 있도록 만들어야 한다. 변화에 대한 준비와 적응 그리고 이를 효과적으로 관리하는 능력은 리더십의 핵심 요소이다. 변화를 다룰 줄 아는 리더만이 조직의 지속 가능한 성장을 이끌어 낼 수 있다.

3-14.
회사의 존재 가치

　사업을 운영하는 리더라면 자신의 회사가 미래에도 존재해야 할 이유를 끊임없이 자문해야 한다. 1년 후, 5년 후, 10년 후에도 회사가 고객과 시장 그리고 사회에 필요한 존재로 남아 있을 수 있는지 확인하는 것은 단순한 비전 설정을 넘어 사업의 지속 가능성을 평가하는 중요한 과정이다.

　회사가 미래에도 존재해야 하는 이유를 찾기 위해서는 가치의 본질을 깊이 이해해야 한다. 회사가 고객에게 어떤 가치를 제공하고 있는지, 그 가치는 시간이 지나도 변하지 않는 본질적인 것인지, 아니면 시장의 변화에 따라 사라질 수 있는 일시적인 것인지 명확히 해야 한다. 리더는 회사의 가치를 끊임없이 점검하고, 이를 강화하거나 새로운 가치를 창출할 방법을 모색해야 한다.

　단기적으로 볼 때 회사의 존재 가치는 생존에 있다. 생존하는 기간 동안 회사는 새로운 시장 진출, 제품 개선, 내부 프로세스 최적화 등 구체적인 성과를 이루어야 한다. 이 단계에서 리더는 신속하게 실행 가능한 전략을 수립하고, 팀원들과 함께 수립한 전략을 달성하기 위해 집중해야 한다.

중장기적으로 볼 때 회사를 운영하기 위해 필요한 가치는 시장 내 입지 강화다. 약 5년 정도의 시간이 회사가 특정 시장에서 인지도를 확보하고, 경쟁사와의 차별점을 분명히 하는 기간이다. 이 시점에서 회사는 고객 신뢰를 기반으로 장기적인 관계를 구축하고, 새로운 성장 동력을 모색해야 한다. 이를 위해 리더는 시장 변화에 민감하게 반응하며 유연하게 전략을 조정해야 한다.

장기적으로 볼 때 회사를 운영하기 위해서 필요한 가치는 조직의 내구성이다. 오랜 기간 회사를 운영하다 보면 다양한 외부 환경 변화와 위기를 경험하게 된다. 이 기간 동안의 경험은 회사가 더 단단하고 안정적인 조직으로 성장하는 데 필수적이다. 리더는 이 시점에서 회사를 하나의 시스템으로 바라보고, 지속 가능한 운영 구조를 구축해야 한다.

그리고 영속될 수 있는 회사의 조건은 사회적 가치와 비전의 실현이다. 단순히 수익을 창출하는 조직을 넘어, 고객과 직원, 사회에 긍정적인 영향을 미치는 존재로 자리 잡아야 한다. 이는 회사의 철학과 비전이 현실화된 결과로, 리더는 장기적인 관점에서 조직의 미션과 가치를 지속적으로 강화해야 한다.

회사가 미래에도 존재해야 하는 이유를 스스로에게 묻는 것은 리더십의 핵심이다. 이는 단순히 사업을 운영하는 것이 아니라, 회사의 존재 목적을 명확히 하고, 이를 실현하기 위한 노력을 지속하는 과정이다. 리더는 이 질문을 통해 회사의 방향성을 점검하고, 변화하는 환경 속에서도 흔들리지 않는 비전을 제시할 수 있어야 한다.

3-15.
자만심과의 지속적인 투쟁

리더에게 있어 가장 큰 적 중 하나는 바로 내면의 자만심이다. 자만심은 리더를 과거의 성공에 안주하게 만들고, 새로운 도전과 변화를 간과하게 하며, 결국 조직의 성장을 저해하는 결과를 초래한다. 자만심은 조용히 스며들어 리더의 판단을 흐리게 하고, 자신감과 오만의 경계를 무너뜨린다. 따라서 리더는 끊임없이 자신의 자만심과 싸워야 한다.

자만심은 주로 성공의 순간에 찾아온다. 예를 들어, 목표를 달성하거나 경쟁에서 승리했을 때, 리더는 자신의 능력에 대한 과도한 확신을 갖게 될 위험이 있다. 이때 리더로 하여금 팀원들의 의견을 무시하거나 시장의 변화와 실패의 가능성을 놓치게 하는 결과를 초래할 수 있다. 이러한 태도는 조직의 혁신과 유연성을 약화시키며, 장기적으로는 큰 위기로 이어질 수 있다.

자만심과 싸우기 위해 리더는 겸손과 자기 성찰의 태도를 유지해야 한다. 자신의 판단이 항상 옳다고 믿지 말고, 다양한 관점과 의견을 받아들여야 한다. 이는 팀원들과의 열린 소통과 피드백 수용을 통해 이루어진다. 그리고 성공의 원인을 객관적으로 분석하고, 그것이 개인의 능력만이 아닌 팀의 노력, 시장 환경 그리고 운의 요소가 결합된 결과임을 인식해야 한다.

또한, 리더는 자신을 객관적으로 평가할 수 있는 체계를 구축해야 한다. 주기적인 자기 성찰, 멘토와의 대화 그리고 외부 전문가의 조언을 통해 자신이 자만심에 빠지지 않았는지 점검할 필요가 있다. 이러한 과정은 리더로 하여금 자신의 한계를 인식하고, 더욱 균형 잡힌 의사결정을 내리게 한다.

외부적인 허영심은 자만의 한 형태로 나타날 수 있다. 지나친 고가의 외제차나 명품을 소유하는 것이 영업적으로 도움이 될 수는 있지만, 자기 관리 측면에서는 바람직하지 않다. 특히 회사가 성장함에 따라 겸손함은 자기 관리에 효과적인 도구가 될 수 있다. 리더는 겸손함을 유지하고, 사업의 근본적인 가치와 재정적 안정성을 중시하려는 태도를 갖는 것이 중요하다. 리더의 소비 행태는 단순히 개인적인 선택을 넘어서 조직 전체의 재정적 건전성과 문화에 깊은 영향을 미칠 수 있으며, 이는 지속 가능한 성장과 직결되는 요소이다.

자만심은 리더십의 가장 큰 장애물 중 하나다. 리더는 자신의 내면을 끊임없이 점검하고, 자만심과 싸우는 노력을 게을리하지 말아야 한다. 이는 단순히 개인적인 성찰을 넘어, 조직의 건강한 성장을 위한 필수적인 과정이다. 자만심과 싸우는 리더는 항상 배움과 도전을 통해 스스로를 발전시키며, 조직의 미래를 밝게 만들어 갈 수 있다.

Part 4
성장을 위한 기술: 전략 수립

4-1.
비전을 강화하라

리더의 가장 강력한 무기 중 하나는 명확하고 강력한 비전이다. 올바른 비전은 단순히 미래에 대한 희망적인 그림이 아니라, 조직의 철학과 기준을 유지할 수 있는 전략적 무기가 될 수 있다. 리더는 이 비전을 통해 조직의 방향을 설정하고, 팀원들이 하나의 목표를 향해 나아갈 수 있도록 이끌어야 한다.

강력한 비전은 조직 내부에서 강력한 동기를 부여한다. 팀원들은 명확한 비전을 통해 자신의 역할과 가치를 깨닫고, 일에 대한 열정을 가지게 된다. 예를 들어, '우리는 세계 최고의 친환경 제품을 제공한다'는 비전은 단순한 목표를 넘어, 팀원들에게 환경 보호라는 사명을 전달하며 자부심을 심어 줄 수 있다. 이러한 비전은 단기적인 목표 달성을 넘어, 조직 전체가 장기적으로 추구해야 할 방향성을 제시한다.

　또한, 단순히 내부 목표 설정을 넘어서, 조직이 고객과 시장에서 독창적이고 차별화된 정체성을 확립하는 데 중심적인 역할을 하게 된다. 명확하고 강력한 비전을 가진 회사는 고객의 신뢰를 얻는 것은 물론, 투자자와 파트너에게도 매력적인 협력 기회를 제공하게 될 것이다. 전 세계 어린이들에게 지금도 절대적인 영향력을 끼치고 있는 디즈니 社는 "사람들을 행복하게 만들자."라는 비전을 표방하고 있다. 이 비전을 통해 디즈니는 사람들에게 분명한 메시지를 전달하며 자신들의 성장 기반을 마련했다. 이 비전은 브랜드와 제품 전략을 결정짓는 핵심 기준이 되었으며, 결국에는 전 세계 수많은 사람들과 감정적 연결을 만드는 데 성공했다.

　이렇게 중요한 역할을 하는 비전은 갈고닦으면서 더욱 명확해진다. 이는 조직원들에 의해 더욱 강력해지며 리더만의 힘이 아닌 조직의 힘으로 유지 및 발전이 되어 간다. 강력해진 비전은 회사 내 업무 문화, 인재상 등 다양한 부분의 발전도 견인하게 된다. 결국, 회사는 리더의 감정과 단기적 생각을 기준으로 하지 않고 비전을 기준으로 세팅이 될 수 있다.

리더들은 이러한 비전 설정의 중요성을 이해하고, 자신의 조직 또한 명확한 목표와 약속을 가지고 직원들과 고객 그리고 시장에 접근할 수 있게 해야 한다. 비전은 단순한 구호가 아닌, 회사의 모든 결정과 행동을 이끄는 근본적인 원동력이 될 수 있다. 이러한 강력한 비전하에 리더는 조직을 통솔하며 모든 구성원이 같은 방향으로 나아갈 수 있도록 동기를 부여하고, 새로운 기회를 창출하는 데 중요한 역할을 할 수 있다.

4-2.
현재를 지키되, 미래를 도모하라

사업에서 리더는 현재와 미래 사이에서 균형을 잡아야 한다. 현재의 성과와 안정성을 유지하면서도, 미래의 기회를 탐색하고 준비하는 것이 리더십이다. 그러나 많은 리더가 둘 중 하나에만 치중하는 실수를 범하곤 한다. 현재에 지나치게 몰입하면 혁신의 타이밍을 놓치고, 반대로 미래에만 매달리면 조직의 기반이 흔들릴 위험이 있다.

현재를 지키는 것은 단순히 유지하는 것이 아니라, 현재의 강점을 최대한 활용하고 약점을 개선하는 것이다. 이는 기존 고객과의 신뢰를 강화하고, 내부 프로세스를 최적화하며, 조직의 현금 흐름을 안정적으로 관리하는 것을 포함한다. 현재가 안정적이어야 미래를 준비할 수 있는 기반이 마련된다.

미래를 도모하는 것은 과감한 시도를 필요로 한다. 이는 시장의 변화를 예측하고, 신기술이나 새로운 비즈니스 모델을 탐색하며, 성장 가능성이 있는 분야에 자원을 투자하는 것이다. 리더는 불확실성을 받아들이고, 실패의 가능성을 인정해야 한다. 그럼에도 성장을 선택해야 한다. 미래를 준비하는 과정은 리스크를 동반하지만, 이는 장기적인 생존과 성장을 위해 반드시 필요한 도전이다.

결국 현재와 미래의 균형은 선택의 문제가 아니라 상호 의존적인 관계다. 현재를 제대로 관리하지 못하면 미래를 도모할 여력이 없고, 미래를 준비하지 않으면 현재의 안정성도 오래가지 못한다. 리더는 현재와 미래가 연결되어 있음을 이해하고, 두 가지를 동시에 고려하는 전략을 개발해야 한다. 참으로 어렵지만, 성장하는 조직의 리더가 되기 위해선 반드시 해내야 한다.

그러기 위해선 리더는 자신의 조직이 가진 핵심 역량을 정확히 이해하고, 이를 기반으로 새로운 기회를 탐색해야 한다. 기존의 성공 방식을 그대로 유지하기보다는, 새로운 아이디어와 접근 방식을 받아들이는 유연성을 가져야 한다. 또한, 조직 내 팀원들에게도 현재와 미래의 균형을 이해시켜야 한다. 그들이 의견을 많이 수렴하는 게 중요하다. 이건 생각보다 의미가 있다. 리더의 과거 지식은 오히려 조직을 성장시키는 데 방해물이 될 수 있다. 현재에서 끊임없이 부딪히며 경험하고 있는 임직원들의 이야기가 미래로 향하는 데 핵심적인 정보가 될 수 있다는 것이다.

리더는 이 두 요소가 상호 의존적임을 인식하고, 끊임없이 변화하는 시장 환경 속에서 안정과 혁신 사이의 균형을 지속적으로 조정해 나가야 한다. 어려운 도전이지만, 이를 성공적으로 수행하는 리더만이 진정한 성장과 변화를 이끌 수 있는 조직을 만들어 낼 수 있다.

4-3.
바보 전략

　리더는 조직의 중심에 서 있지만, 반드시 조직이 리더에 의존하지 않도록 만들어야 한다. 이는 역설적으로 들릴 수 있지만, 진정으로 강한 조직은 리더 없이도 안정적으로 운영될 수 있는 시스템과 문화를 갖추고 있다. '내가 없어도 잘 돌아가는 회사'를 만드는 것이야말로 리더의 궁극적인 목표 중 하나다.

　많은 리더가 모든 의사결정과 업무를 자신이 통제하려는 유혹에 빠진다. 이는 단기적으로는 효과적일 수 있지만, 장기적으로는 조직의 자율성과 유연성을 저하시킨다. 리더의 역할은 문제를 직접 해결하는 것이 아니라, 문제를 해결할 수 있는 시스템을 설계하고, 팀원들이 자율적으로 움직일 수 있도록 환경을 조성하는 것이다.

　'내가 없어도 되는 회사'를 만들기 위해 중요한 것은 시스템의 구축과 위임의 문화다. 조직 내 모든 프로세스와 의사결정 구조는 명확하게 정의되고, 문서화되어야 한다. 이는 업무의 연속성을 보장하고, 리더가 자리를 비우더라도 혼란 없이 진행될 수 있도록 한다. 또한, 리더는 팀원들에게 책임과 권한을 위임하며,

그들이 스스로 결정을 내리고 문제를 해결할 수 있는 역량을 갖추도록 도와야 한다.

이 전략은 리더가 팀원들에게 신뢰를 보내는 것에서 시작된다. 그리고 리더는 모든 것을 직접 통제하려는 태도를 버리고, 팀원들에게 실수를 허용하는 여유를 가져야 한다. 이것이 바로 '바보 전략'이다. 리더가 할 수 있으면서도 못하는 척, 모르는 척하면서 일을 할 기회를 팀원들에게 제공할 수 있다. 처음에는 팀원들이 실수를 한다. 그러나 이를 통해 배우는 과정은 조직의 성장에 필수적이다. 리더는 방향성을 제시하고 큰 그림을 그리며, 세부적인 업무는 팀원들이 주도할 수 있도록 맡겨야 한다.

리더가 없는 상황에서도 조직이 원활히 운영될 수 있다면, 리더는 더욱 큰 그림에 집중할 수 있는 여유를 얻게 된다. 이는 새로운 기회를 탐색하거나, 장기적인 비전을 설계하는 데 중요한 시간을 제공한다. '내가 없어도 되는 회사'는 단순히 리더의 부재를 견디는 조직이 아니라, 리더의 역할을 새로운 차원으로 확장할 수 있는 가능성을 열어 준다.

바보 전략은 리더의 역할을 스스로 축소시키는 것이 아니라, 조직의 자율성과 지속 가능성을 극대화하는 전략이다. 리더가 없어도 되는 조직은 단순히 안정적인 것이 아니라, 변화와 위기에 강하며, 장기적으로 번영할 수 있는 기반을 갖추고 있다. 이 전략을 통해 리더는 자신의 진정한 가치를 증명할 수 있다.

4-4.
왜 잘되는지 모르면 망한다

성공은 축하받아야 할 일이지만, 리더가 자신의 성공 요인을 정확히 이해하지 못한다면 이는 큰 위험이 될 수 있다. 왜 잘되는지를 모른 채 성공을 이어 가다 보면, 변화나 위기 상황에서 그 성공을 유지할 수 있는 능력을 잃게 된다. 리더는 성공의 원인을 명확히 분석하고, 이를 조직의 시스템과 전략으로 체계화해야 한다.

왜 잘되는지 모르는 경우는 두 가지로 나뉜다. 첫째, 성공이 외부 요인에 의존한 경우다. 특정 시장 상황, 운이 따른 계약, 또는 경쟁사의 실수가 성공의 원인일 수 있다. 이러한 성공은 리더의 통제 범위를 벗어난 것이기에, 동일한 방법으로 다시 반복하기 어렵다. 둘째, 성공이 조직 내부에서 발생했지만, 구체적인 원인 분석 없이 흘러가는 경우다. 팀의 특정 강점이나 독창적인 아이디어가 성과를 냈더라도 이를 체계적으로 이해하지 못하면 재현이 불가능하다.

리더는 자신의 성공 요인을 파악하기 위해 끊임없이 질문해야 한다. 고객이 왜 우리의 제품이나 서비스를 선택하는가? 시장에서 우리의 강점은 무엇인가? 어떤 요소가 경쟁사보다 우리를 더 매력적으로 만드는가? 이러한 질문에 대한 답변은 단순한 직감이 아니라, 데이터를 기반으로 도출되어야 한다. 이를 통해 리더는 성공을 구성하는 핵심 요소를 명확히 정의할 수 있다.

성공 요인을 명확히 이해했다면, 이를 조직의 시스템과 문화에 통합해야 한다. 팀원들이 성공 요인을 인지하고, 이를 재현할 수 있도록 교육하고 공유하는 것이 중요하다. 또한, 변화하는 환경 속에서도 성공 요인을 유지하거나 발전시킬 수 있도록 전략을 지속적으로 점검하고 조정해야 한다.

"왜 잘되는지 모르면 망한다."라는 말은 단순한 경고가 아니라, 리더십의 근본적인 원칙이다. 성공은 영원히 지속되지 않는다. 성공의 이유를 이해하지 못하면, 성공은 쉽게 실패로 변질될 수 있다. 따라서 리더는 성공을 단순히 즐기는 데서 멈추지 말고, 그것이 조직의 미래를 위한 기반이 될 수 있도록 체계화하려는 노력을 기울여야 한다.

4-5.
100번을 이야기할 각오

리더십에서 가장 중요한 요소를 뽑으라면 바로 의사소통이다. 리더가 아무리 훌륭한 전략과 비전을 가지고 있더라도, 그것이 팀원들에게 제대로 전달되지 않는다면 아무런 의미가 없다. 팀원들에게 정확히 전달될 때까지 반복하는 것은 리더로서 필수적인 태도이며, 이를 통해 조직의 방향성을 유지하고 성과를 극대화할 수 있다.

반복은 단순하고 기술적인 의사소통을 넘어선다. 메시지는 한 번에 모든 사람에게 동일하게 전달되지 않는다. 팀원들마다 업무 스타일, 이해 속도 그리고 관점이 다르기 때문에 같은 메시지도 각기 다르게 해석될 수 있다. 리더는 이를 인지하고, 전달하려는 메시지가 팀원들에게 완전히 이해될 때까지 반복할 각오를 해야 한다. 그러나 쉽지 않다. 바쁜 시간과 나의 에너지를 써서 최선을 다해 뜻을 전달했음에도 변하는 것은 없고, 오히려 말이 많은 꼰대라는 오명만 남게 된다. 그럼에도 리더의 역할은 끊임없이 이야기하는 것이다. 그게 의무라 생각해야 한다.

반복은 조직의 핵심 목표와 가치를 내재화하는 데 필수적이다. 예를 들어, '국내 최고의 AI 조명업체'라는 비전을 세웠고 이제 이 비전을 사내 구성원들에게 전달하고자 한다고 해 보자. 팀원들이 비전을 공유받은 후 이것을 실제 업무에 적용하기까지는 시간이 상당히 걸릴 수밖에 없다. 아마 처음에는 말 자체를 이해하지 못하는 인력도 부지기수일 것이다. 그리고 시간이 지나 그 뜻을 이해했더라도 실제 적용하는 데는 더 많은 시간이 걸린다. 시간이 길어진다는 것은 방향성의 지속적인 유지가 중요해진다는 의미이다. 비전은 교육 및 인사 평가 등 시스템적으로도 유지할 수 있지만, 이때 가장 중요한 건 리더가 동일한 메시지를 반복적으로 전달하는 자세를 굳건하게 견지하는 것이다. 이를 통해 조직은 방향을 잃지 않고 비전을 내재화한다.

반복은 단순히 같은 말을 기계적으로 되풀이하는 것이 아니다. 리더는 상황에 맞게 메시지를 다르게 표현하고, 다양한 방식으로 전달해야 한다. 예를 들어, 팀 미팅에서는 비전을 구체적인 예시로 설명하고, 1:1 대화에서는 개인의 역할과 연결시켜 이야기할 수 있다. 또한 이메일, 문서, 프레젠테이션 등 다양한 커뮤니케이션 도구를 활용하여 메시지를 강화할 필요가 있다.

정확히 전달할 때까지 100번을 이야기할 각오가 필요한 이유는 명확하다. 비전은 리더십의 기본이며, 조직의 성공을 보장하는 핵심이다. 리더는 반복을 통해 팀원들에게 비전과 목표를 확실히 전달하고, 이를 행동으로 이어지게 할 수 있다.

팀원이 스스로 깨달음을 얻고 자신의 생각을 표현할 때가 바로, 팀원의 성장을 확인할 수 있는 순간이다. 이때 리더로서 "내가 이미 설명했었지?"라며 기를 죽이는 대신, "대단하다. 어떻게 그렇게 생각하게 되었나?"라고 격려하며 기를 북돋아 주어야 한다. 이러한 긍정적인 반응은 팀원에게 자신감을 준다. 이것이 바로 반복된 대화와 지도를 통해 나타나는 변화의 형태이다. 또한 팀원의 자발적인 사고와 창의력을 촉진시키는 중요한 과정이라 볼 수 있다.

4-6.
성장 단계마다 필요한 능력

　사업의 성장 단계에 따라 요구되는 능력과 자원은 달라진다. 초기 단계의 스타트업이 필요로 하는 것은 빠른 실행력과 혁신적인 아이디어지만, 성장기에 접어든 조직은 구조화된 프로세스와 안정적인 운영 능력을 요구한다. 리더는 자신의 사업이 현재 어떤 성장 단계에 있는지를 정확히 파악하고, 이에 맞는 자원을 적절히 배분해야 한다.
　초기 단계에서는 창의성과 유연성이 핵심이다. 이 시기의 조직은 시장에 빠르게 진입하고 고객의 니즈에 민첩하게 반응해야 한다. 리더는 불확실성을 받아들이고, 실험적인 접근 방식을 통해 새로운 기회를 탐색해야 한다. 자원 배분 역시 우선순위가 명확해야 한다. 모든 자원을 한곳에 집중하기보다는, 소규모로 나누어 다양한 가능성을 탐구하는 것이 중요하다.
　성장 단계에서는 효율성과 확장성이 요구된다. 조직이 더 많은 고객을 확보하고, 매출을 안정적으로 유지하기 위해서는 내부 프로세스의 최적화가 필수적이다. 이 시점에서 리더는 반복 가능한 시스템을 구축하고, 인력과 자원을 효율적으로 관리해야 한다. 예를 들어, 고객 지원 팀을 확대하거나, 자동화 도구를 도입해 업무 효율성을 높이는 것이 좋은 전략이 될 수 있다.

성숙 단계에서는 안정성과 지속 가능성이 중요하다. 조직이 외부 환경 변화에 민첩하게 대응하기 위해서는 탄탄한 재무 기반과 신뢰할 수 있는 리더십이 필요하다. 리더는 이 시점에서 장기적인 목표를 설정하고, 지속 가능한 성장을 위한 전략을 수립해야 한다. 또한, 조직의 자원을 혁신적인 프로젝트와 기존의 안정적인 운영 사이에 균형 있게 배분해야 한다.

리더가 성장 단계마다 적절한 자원을 배분하지 못한다면, 조직은 과잉 투자나 자원 부족으로 인해 방향성을 잃을 수 있다. 예를 들어, 초기 단계에서 지나치게 많은 자원을 프로세스 최적화에 투입하면, 시장 진입 속도가 늦어질 수 있다. 반대로, 성장 단계에서 창의적인 시도를 과도하게 강조하면, 조직의 안정성이 저하될 수 있다.

성장 단계에 따른 자원 배분의 핵심은 조화와 균형이다. 리더는 현재 조직의 상태를 명확히 이해하고, 각 단계에서 가장 중요한 목표와 그에 필요한 자원을 식별해야 한다. 이를 통해 조직은 각 성장 단계에서 최적의 성과를 내며, 지속 가능한 발전을 이룰 수 있다.

4-7.
고객이 스스로 찾아오는 마케팅

'고객이 스스로 찾아오게 하는 것.' 이는 마치 고급 기술인 것처럼 보이지만, 리더라면 반드시 익혀야 할 전략 중 하나다. 고객 형성의 단계만큼이나 중요한 것이 고객 발굴이다. 신규 고객을 발굴할 때 무조건 친근하게 접근하기보다는, 고객이 스스로 우리를 찾게 만들어야 한다. 물론 고객이 우리 회사 제품을 먼저 찾게 만드는 것은 모든 리더들의 바람이다. 만약 이 바람이 해결된다면 고민의 절반 이상은 사라질 것이다.

고객이 서비스를 먼저 찾게 하는 원리는 간단하다. '고객이 왜 우리 제품을 써야 하는가?'를 깊이 고민하고, 그 부분을 강조해 마케팅하는 것이다. 그러나 현실은 냉혹하며 이 원리를 구체적으로 실행하려면 어렵고, 비용 부담도 크다. 그래서 리더는 기본에 충실해야 한다. 바로 핵심 니즈와 채널에 집중하는 것이다. 이를 위해서는 다음과 같은 노력들이 요구된다.

첫째, 제품에 대해 나의 입장이 아니라, 고객의 의견을 기준으로 한 핵심 니즈를 파악해야 한다. 마케팅에서 '구체화, 수치화, 피해화'라는 세 가지 기술이 있다. 이 세 가지를 통해 고객의 관심을 끌 수 있다. 예를 들어, 타깃 고객이 어린아이를 키우는 부모라면, "우리 제품은 아이의 차분함과 집중력을 키워 줍니다."라는 메시지가 효과적일 수 있다. 여기에 더해, "이 서비스를 이용하지 않으면 아이의 성장에 중요한 기회를 놓칠 수 있습니다."라는 미끼 자료를 활용하는 것도 좋은 전략이다.

둘째, 각 채널별로 효율적인 마케팅 방식을 찾아야 한다. 요즘은 홍보 채널이 다양해짐에 따라 고객과의 접점이 많아졌다. 이는 기회인 동시에 도전이다. 예를 들어, 이전에 많이 사용되던 전단지의 전환율은 0.1% 수준에 머무르는 반면, 디지털 광고나 소셜 미디어 캠페인은 더 높은 전환율을 보일 수 있다. 리더는 각 채널의 특성을 이해하고, 핵심 메시지를 효과적으로 전달해야 한다.

대부분의 리더들은 이 전환율에 대해 알고는 있으나 실무적으로 사용하기는 어려워한다. 그러나 전환율은 리더로서 지속적으로 관리해야 될 데이터 중 하나이다. 전환율이란 CVR(Conversion Rate)이라고 하며, 사용자들이 실제로 서비스를 이용하는 비율을 말한다. 가장 쉬운 예가 전단지다. 오픈한 핸드폰 매장의 앞에서는 전단지를 나눠 주곤 한다. 만약 지나가는 사람들에게 10,000장(A)을 나눠 줬다고 가정하고, 그중 100명(B)이 매장을 방문한 뒤 10명(C)이 구매했다면 전환율은 10/10,000으로 0.1%가 된다. 너무 낮다고 생각할 수 있지만, 리더는 여기서부터 고민을 시작하면 된다. 매출을 높일 방법은 여러 가지가 있다. 전단지를 더 나눠 주거나, 안내 멘트를 변경할 수도 있다. 또는 할인 서비스 제공 등을 통해 매출을 높일 수 있다. 방법은 여러 가지이다. 선택은 리더가 하는 것이며, 선택에 따라 매출이 달라진다.

셋째, 마케팅의 성공 여부는 고객들의 인바운드 콜 수로 판단할 수 있다. 고객이 먼저 문의를 해 오고, 정보를 요청하는 빈도가 높아질수록 마케팅의 성공 가능성도 커진다. 이 과정에서 가장 중요한 것은 전문가로서의 포지셔닝이다. 사람은 소비하기 전에 본인이 필요해서 찾아보는 것을 가장 선호한다. 따라서 우리 제품이나 서비스가 고객의 문제를 해결하는 데 있어 최고의 선택이라는 이미지를 심어 줘야 한다.

고객들이 우리를 먼저 찾게 하기 위해 지속적인 노력을 하게 되면서 온오프라인에 많은 정보가 쌓이게 된다. 이걸 무시할 수 없다. 시간이 지날수록 더욱 유리하게 된다. 어느 정도 단계를 넘어가면 특별히 노력하지 않아도 지속적으로 찾아 주는 단계가 생긴다. 이 단계는 캐시카우라고 하며 회사의 안정성을 높여 주게 된다.

지속적인 고객 관리와 정보 축적은 시간이 지남에 따라 회사에 큰 이점을 제공한다. 이러한 노력은 결국 자발적으로 우리를 찾는 고객을 만들어 내며, 사업의 안정적인 수익을 창출하는

'캐시카우' 단계에 이르게 한다. 이는 사업의 지속 가능한 성장을 위한 중요한 기반이며, 리더는 선순환이 발생하는 고객 중심적인 마케팅을 지속할 수 있다.

4-8.
입금으로 신뢰를 만들어라

사업에서 신뢰는 고객과 파트너, 팀원 간의 관계를 강화하는 가장 중요한 요소다. 그리고 신뢰를 구축하는 데 있어 가장 확실한 방법 중 하나는 입금, 즉 금전적인 약속을 정확히 이행하는 것이다. 그러나 신뢰를 쌓기 위해 입금을 활용할 때, 경계가 무너져 불필요한 손해를 보지 않도록 주의해야 한다. 신뢰와 호구 사이의 균형을 유지하는 것이 핵심이다.

입금은 약속의 상징이다. 어찌 보면 당연한 것이다. 일을 의뢰했고 그 일이 완료되었으면 입금하는 것은 당연하다. 그러나 이 당연하고 쉬운 원리는 현실에 대입하면 상당히 복잡다단한 형태를 가지게 된다. 예를 들면 완벽하게 처리했으나 차일피일 미루며 못 받는 경우, 또는 현금이 아닌 어음으로 받는 경우, 또는 일을 계약과 다르게 엉망으로 처리하고 돈만 요구하는 경우 등 다양한 형태를 가진다.

입금은 계약에 대한 명확한 종료이자 협력업체에 대한 존중을 뜻한다. 협력업체를 통해 제공받은 서비스나 제품의 가치를 명확히 하고, 그에 상응하는 대가를 지불하고, 그 과정에서 투명성을 유지하는 것은 신뢰를 쌓는 출발점이다. 협력업체는 자신이 요구한 금액이 합리적으로 납득할 수 있는 수준에서 받아들여졌다고 느낄 때 리더와 조직에 신뢰를 갖게 된다.

신뢰 있는 협력업체들과의 관계는 생각보다 중요하다. 나의 조직이 아무리 잘나도 독불장군은 없다. 때로는 이 입금만 명확히 해도 경쟁업체들에 비해 더 뛰어난 협력업체를 유지할 수도 있다. 참으로 쉬운 방법일 수 있다. 어쨌든 나갈 돈인데 그걸 약속까지 어기며 돈으로 살 수 없는 신뢰까지 잃는다면 손해 보는 선택일 것이다.

그런데 신뢰를 쌓기 위해 모든 요구를 수용하는 것은 아니다. 그건 오히려 조직의 손실로 이어질 수 있다. '단호하지만 공정하게'라는 원칙을 지키는 것이 중요하다. 고객이나 파트너가 무리한 요구를 한다면, 단호히 거절할 줄 알아야 한다. 이는 단순히 비용 절감의 문제가 아니라, 조직의 가치를 유지하고 장기적으로 신뢰를 보호하는 데 필요한 행동이다.

입금을 통한 신뢰 구축에서 리더가 유의해야 할 몇 가지가 있다. 첫째, 모든 금전 거래는 투명해야 한다. 지불 조건, 시기, 금액 등을 명확히 설정하고, 이를 일관되게 이행하는 것이 중요하다. 둘째, 과도한 할인이나 부당한 계약을 피해야 한다. 이는 조직의 가치를 저하시킬 뿐 아니라, 고객에게 잘못된 메시지를 전달할 수 있다. 셋째, 정당한 요구는 빠르게 처리하고, 문제 발생 시 신속히 대응해야 한다. 이는 고객에게 리더와 조직이 신뢰할 수 있는 파트너임을 보여 준다.

리더는 돈과 관련된 약속에 정말 민감해져야 한다. 혼자 결정을 내리고 협력업체의 대금 지급 일정을 미루는 자세가 가장 문제가 된다. 물론 모든 요구를 수용하는 것이 아니라, 명확한 기준과 원칙을 바탕으로 실행해야 한다는 걸 다시 한번 강조한다. 신뢰는 일관성과 공정함에서 나오며, 이를 통해 조직은 장기적으로 더 탄탄한 관계를 형성할 수 있다. '입금으로 신뢰를 만들어라. 단, 호구는 되지 말고.'

4-9.
성장에 맞춰 간접부문 늘리기

사업이 성장함에 따라 직접적으로 수익을 창출하지 않는 간접부문의 중요성이 점차 커진다. 간접부문은 회계, 인사, IT, 법무, 마케팅 등 조직이 원활하게 운영되도록 지원하는 역할을 한다. 이러한 부문이 적절히 확장되지 않으면, 성장하는 조직은 내부 혼란과 효율성 저하를 경험하게 된다. 따라서 리더는 조직의 성장 단계에 맞춰 간접부문을 전략적으로 확장해야 한다.

간접부문을 적절히 확장하지 않는 대표적인 조직은 '성장은 했으나 뒷받침이 부족한 조직'이다. 예를 들어, 매출이 빠르게 증가하는 기업이 회계 팀 인원을 늘리지 않으면, 재무 관리의 정확성이 떨어지고, 이는 곧 신뢰도 저하와 실질적인 재무 위기로 이어질 수 있다. 또한, 인력 채용이 급격히 늘어난 상황에서 HR 부문이 적절히 확장되지 않으면, 직원 만족도와 조직 문화가 악화될 위험이 있다.

간접부문을 적절히 확장하기 위한 첫 번째 단계는 현재 조직의 운영 효율성을 평가하는 것이다. 어떤 부문에서 병목현상이 발생하고 있는지 그리고 추가적인 지원이 필요한 부문이 어디인지를 면밀히 분석해야 한다. 이를 통해 자원의 우선순위를 설정하고, 필요에 따라 인력, 기술, 프로세스를 보강할 수 있다.

두 번째 단계는 성장에 필요한 간접부문의 비전을 정의하는 것이다. 간접부문은 단순히 지원 역할을 넘어, 조직의 경쟁력을 강화하는 데 기여해야 한다. 예를 들어, IT 부문은 단순한 기술 지원을 넘어 디지털 전환과 데이터 분석을 통해 새로운 기회를 창출할 수 있다. 마케팅 부문은 기존 고객 유지와 신규 고객 유치를 위한 전략적 파트너로서의 역할을 수행할 수 있다.

마지막으로, 간접부문을 확장할 때 미래의 성장까지 고려해야 한다. 현재의 요구만 충족하는 것이 아니라, 향후 2~3년간의 성장에 대비한 계획을 수립해야 한다. 이를 통해 조직은 성장과 함께 발생할 수 있는 리스크를 최소화하고, 안정적인 기반을 구축할 수 있다.

간접부문은 조직의 성장과 안정성을 유지하는 데 핵심적인 역할을 한다. 리더는 간접부문의 적절한 확장을 통해 조직이 외부 시장에서의 경쟁력을 강화하고, 내부 운영에서의 효율성을 극대화할 수 있도록 해야 한다. 간접부문을 단순히 비용으로 보지 말고, 조직의 장기적인 성공을 위한 투자로 인식하는 것이 중요하다.

주의해야 하는 것은 인건비 및 신규 시스템 도입으로 인한 부담이 커질 수 있으니 철저한 자체 평가를 통해 적절한 타이밍을 잡아야 한다는 것이다. 또한 도입 이후에는 효율성을 높이는 것이 중요하다. 간접부문의 확장은 성장을 대비함과 동시에 리스크가 될 수도 있기 때문에 도입에 대해선 철저히 보수적인 입장으로 접근해야 한다.

4-10.
효율적인 1분 리더십

효율적인 리더십은 꼭 길고 복잡한 대화나 회의를 요구하지 않는다. 때로는 짧은 상호작용이 조직의 방향을 바로잡고, 팀원들에게 동기를 부여하며, 중요한 결정을 내리는 데 충분할 수 있다. 1분 리더십은 꼭 1분을 지키는 게 아니라 그만큼 간결하고 효과적인 의사소통을 지향해야 된다는 말이다. 리더는 전달할 내용이 많다 보니 요점을 잘 정리해서 전달할 수 있어야 한다.

핵심은 명확한 메시지 전달에 있다. 리더는 복잡한 문제를 간단하고 명확한 방식으로 전달해야 한다. 이는 팀원들이 불필요한 혼란을 피하고, 업무에 바로 집중할 수 있도록 돕는다. 예를 들어, 프로젝트 진행 상황에 대한 간단한 피드백이나 목표에 대한 명확한 지시를 통해 팀원들은 빠르게 방향을 잡을 수 있다.

또한, 1분 리더십은 짧은 시간 안에 신뢰를 구축하는 데 효과적이다. 리더는 짧은 상호작용 속에서도 팀원들에게 진정성을 보여 줄 수 있다. "오늘 정말 좋은 아이디어였어."라는 식의 간단한 칭찬이나 "무엇이 필요한지 말해 줘."라는 등의 공감의 표현은 리더의 관심과 지지를 팀원들에게 전달하는 강력한 도구다.

효율적인 1분 리더십을 실현하기 위해 리더는 즉각적인 피드백을 제공하는 게 좋다. 팀원들의 행동이나 성과에 대해 빠르고 구체적인 피드백을 제공하여 방향성을 명확히 해야 한다. 그리고 그다음으로는 긍정적인 상호작용을 유지하는 것이다. 짧은 상호작용을 하게 되더라도 지속적으로 팀원들의 노력을 인정하고 동기를 부여해야 한다. 그리고 '결정적 순간'을 잘 활용할 수 있어야 한다. 회의나 업무 보고와 같은 공식적인 자리뿐 아니라, 복도에서의 짧은 대화나 이메일 한 통도 중요한 리더십의 순간이 될 수 있다.

특히 빠르게 변화하는 환경에서 효과적이다. 긴 회의나 복잡한 문서 작성에 시간을 허비하지 않고, 중요한 메시지를 간단히 전달하면서도 강력한 영향력을 발휘할 수 있다. 그러나 짧은 상호작용이 단순히 형식적인 의사소통으로 끝나지 않도록, 리더는 말의 진정성과 행동의 일관성을 유지해야 한다.

효율적인 1분 리더십은 단순하지만 강력한 리더십 방식이다. 리더는 간결하고 명확한 메시지를 통해 팀원들과 신속히 연결되고, 조직의 목표를 효과적으로 달성할 수 있다. 시간의 제약 속에서도 영향력을 발휘하는 리더십은 현대 조직에서 반드시 필요한 기술이다.

Part 5
성장을 위한 기술: 재무 관리

5-1.
재무를 모르면 직무 유기

　리더는 단순히 비전을 제시하고 팀을 이끄는 역할에 그치지 않는다. 조직의 재정을 책임지는 CFO의 역할도 겸해야 한다. 자금 관리 능력은 조직의 생존과 성장을 좌우하는 핵심 기술로, 리더는 자금 흐름을 정확히 이해하고, 이를 전략적으로 운영할 수 있어야 한다. 이를 정리해 보면 다음과 같다.

　첫째, 자금 관리의 핵심은 현금 흐름의 통제다. 수익이 아무리 높아도 현금 흐름이 불안정하면 조직은 쉽게 위기에 빠진다. 리더는 매출, 비용, 투자, 채권과 채무의 흐름을 정확히 파악하고, 필요할 때 신속하게 대응할 수 있는 체계를 구축해야 한다. 이를 위해 정기적으로 재무보고서를 검토하고, 중요한 수치를 분석하는 습관이 필요하다.

둘째, 자금을 효과적으로 배분하는 능력이 요구된다. 모든 사업은 자원이 제한적이다. 따라서 리더는 조직의 목표와 우선순위에 따라 자금을 적절히 배분해야 한다. 예를 들어, 성장 단계에서는 신사업 개발이나 시장 확장에 자원을 집중하고, 성숙 단계에서는 안정적인 운영과 연구개발(R&D)에 투자하는 방식으로 전략을 조정할 수 있다.

셋째, 리더는 위험 관리의 관점에서 자금을 바라봐야 한다. 모든 투자와 지출에는 리스크가 따른다. 리더는 잠재적인 위험 요소를 분석하고, 최악의 시나리오를 대비한 자금 계획을 수립해야 한다. 이는 단순히 비용 절감을 의미하는 것이 아니라, 위기 상황에서도 조직이 지속적으로 운영될 수 있도록 안전망을 마련하는 것을 뜻한다.

마지막으로, 자금 관리 능력은 단순히 숫자를 다루는 것을 넘어, 조직의 전략적 의사결정에 직결된다. CFO의 관점에서 리더는 재무 데이터를 기반으로 사업의 방향성을 평가하고, 중요한 결정을 내릴 수 있어야 한다. 또한, 팀원들과 재무 목표를 공유하며, 재정적 책임 의식을 조직 전체에 확산시킬 필요가 있다.

결론적으로, 리더는 단순히 조직을 이끄는 CEO의 역할에

만족해서는 안 된다. 재무 전문가 수준으로 기술을 익히고, 자금을 전략적으로 관리하는 능력을 갖추어야 한다. 자금 관리 능력은 조직의 생존을 보장하고, 장기적인 성장을 가능하게 하는 기술이니 모른다면 리더로서 직무 유기다.

5-2.
재무제표 관리 능력

리더는 재무제표를 정확히 이해하고 관리해야 한다. 재무제표는 회사의 성적표와 유사하며, 이는 조직의 경영 성과를 종합적으로 평가하는 도구이다. 성적표처럼 각 부문의 세부 점수가 종합 점수에 영향을 미치기 때문에, 하나의 영역만 잘한다고 해서 전체의 성과가 우수하다고 볼 수 없는 것이다. 따라서 리더는 단순히 매출 수치에만 집중하는 것이 아니라, 대차대조표, 손익계산서, 현금흐름표 등 재무제표의 모든 지표를 균형 있게 관리하고 개선해야 한다.

이러한 통합적인 접근은 리더가 조직의 재정 건전성을 유지하고, 재정적 위험을 관리하는 데 필수적이다. 각 지표는 회사의 다양한 재정 측면을 반영하며, 이들 지표의 상호작용을 이해하는 것은 전략적 의사결정을 내리는 데도 중요하다. 예를 들어, 매출이 증가하더라도 이익률이 낮거나 부채가 많다면, 이는 장기적인 재정 안정성에 문제가 될 수 있다.

재무제표라는 성적표는 회사의 모든 활동에서 평가 지표가 된다. 은행에서의 대출부터, 지원 사업, 입찰 등 정량적 평가에는 빠지지 않고 등장한다. 회사의 활동성이 높아질수록 이 점수는 중요해지기 마련이다. 이런 성적표를 보는 눈을 기르지 않고 영업만 잘하거나 운영만 한다면 우등생이 될 수 없다.

주의 깊게 봐야 할 재무제표의 구성은 아래와 같다.

- 대차대조표: 회사의 자산, 부채, 자본의 현재 상태를 보여 줌. 이는 회사의 재산과 재정 건전성을 파악하는 데 필수적임
- 손익계산서: 회사의 연간 경영 성과를 나타내며, 수익과 비용을 통해 그해의 사업 성과를 보여 줌
- 이익잉여금처분계산서: 회사가 벌어들인 이익이 어떻게 사용되었는지 보여 줌
- 현금흐름표: 회사의 현금 유입과 유출을 분석하여, 영업활동, 투자활동, 재무활동을 통해 현금이 어떻게 움직였는지 나타냄

위의 내용을 상세하게 알수록 좋다. 아니더라도 적어도 각 숫자들이 의미하는 바를 이해할 수 있어야 한다. 회사의 과거와 미래, 기회와 위기 모두 이 재무제표상에 표현되어 있다. 이 능력을 통해 우리 회사의 재무제표가 높은 평가를 받을 수 있도록 개선할 부분을 찾아내고 집중할 수 있다. 또한 협력업체와 거래 시 재무적 안정성을 파악해야 할 경우 전문가의 도움 없이도 빠

르게 파악 가능하다.

    리더는 회사의 '재무 건강'을 정기적으로 검진하듯이, 재무제표를 체계적으로 검토하고 분석하여 회사의 재정 상태를 객관적으로 평가하고, 필요한 조치를 취해야 한다. 이 과정에서 리더의 재무 소양은 회사를 효과적으로 지휘하고 미래의 성장을 도모하는 데 결정적인 역할을 하게 된다.

5-3.
꼼꼼한 매출 관리

사업은 냉정하다. 아무리 좋은 기술과 인력으로 구성된 회사라고 할지라도 지속적으로 매출이 없다면 속 빈 강정이다. 리더는 매출과 이익을 만들어야 하는 자리이다. 이러한 매출 관리는 조직의 재무 건강을 유지하고, 지속적인 성장을 보장하는 핵심 요소다. 더 나아가 단순히 매출 수치를 높이는 데 집중하기보다, 매출의 구성과 흐름을 꼼꼼히 관리함으로써 안정적인 기반을 마련해야 한다. 꼼꼼한 매출 관리는 단기적인 수익뿐만 아니라, 장기적인 비즈니스 지속 가능성에도 영향을 미친다.

매출 관리의 첫걸음은 매출의 구조를 정확히 파악하는 것이다. 고객군, 제품별 매출 비중, 주요 시장 등을 세부적으로 분석해야 한다. 예를 들어, 특정 고객이나 제품에 지나치게 의존하고 있다면, 이는 리스크가 될 수 있다. 리더는 매출이 특정 요인에 편중되지 않도록, 다양한 수익원을 개발하고 관리해야 한다.

예측과 계획을 위해서는 데이터를 중시해야 한다. 리더는 과거 데이터를 분석하여 매출 추이를 파악하고, 이를 토대로 현실적이고 도전적인 목표를 설정해야 한다. 예측은 시장 변화, 계절적 요인, 경쟁 상황 등 외부 변수를 고려하여 조정해야 한다. 매출 목표는 단순한 숫자가 아니라, 조직의 행동 계획과 전략을 반영해야 한다.

매출은 단순히 계약서에 찍힌 숫자가 아니라, 실제 현금으로 들어와야 의미가 있다. 리더는 수금 관리를 철저히 하여 매출이 현금 흐름으로 이어지도록 해야 한다. 정해진 납기일에 수금이 이루어지지 않으면, 조직의 재무 상태에 큰 영향을 미칠 수 있다. 이를 방지하기 위해 체계적인 청구 프로세스와 고객 신용평가 시스템을 운영하는 것이 중요하다.

매출 또는 영업 이익 감소는 조직에 심각한 위험 신호가 될 수 있다. 리더는 정기적으로 매출 데이터를 점검하고, 비정상적인 감소가 발생하면 즉각 원인을 분석해야 한다. 이는 경쟁사의 움직임, 시장 변화, 제품 품질 문제 등 다양한 요인에서 비롯될 수 있다. 조기에 문제를 발견하고 대응책을 마련하는 것이 매출 감소를 최소화하는 핵심이다.

매출 관리는 결코 리더 혼자서 할 수 있는 일이 아니다. 영업, 마케팅, 고객 서비스 등 다양한 부서와의 협업이 필수적이다. 리더는 매출 목표를 전사적으로 공유하고, 이를 달성하기 위해 팀원들에게 필요한 자원과 지원을 제공해야 한다. 또한, 팀원들과 정기적으로 소통하며 매출 실적과 개선 사항을 점검해야 한다. 원활한 의사소통 및 결정을 위해선 업무 툴도 잘 활용해야 하는데 구글 스프레드시트를 추천한다.

　　꼼꼼한 매출 관리는 단순한 숫자 관리가 아니다. 이는 조직의 재무 건강과 장기적인 생존 가능성을 확보하기 위한 전략적 활동이다. 리더는 매출의 구조를 이해하고, 수금 관리와 협업을 통해 안정적이고 지속 가능한 매출 기반을 구축해야 한다.

5-4.
안정적인 현금 유동성 관리

지금까지 현금 유동성 관리에 대해서 여러 차례 강조하였다. 경험상 가장 중요한 부분이라 몇 번이고 언급하고자 한다. 현금 유동성은 조직의 생존과 성장을 위해 필수적이다. 아무리 높은 매출을 기록하더라도, 현금이 제때 들어오지 않으면 조직은 운영 자금 부족으로 위기에 처할 수 있다. 리더는 안정적인 현금 유동성을 유지하기 위해, 수익과 비용의 흐름을 철저히 관리하고 예측해야 한다.

현금 유동성을 유지하기 위한 첫 번째 단계는 모든 현금 흐름을 이해하기 쉽게 관리하는 것이다. 매출, 비용, 투자, 대출 상환 등 현금의 유입과 유출을 체계적으로 기록하고 분석해야 한다. 완벽하지 않아도 된다. 재무 팀이 하듯 상세히 숫자 하나하나를 맞추는 게 아니라 흐름을 봐야 한다는 것이다. 그러기 위해선 데이터를 엑셀로 정리해서 한눈에 보는 게 좋다.

이를 통해 조직은 현금 흐름의 전반적인 상태를 파악하고, 비효율적인 지출이나 누락된 수익을 발견할 수 있다. 리더는 미래의 현금 흐름을 예측하고, 이에 기반한 계획을 세워야 한다.

계절적 요인, 시장 변화, 대규모 투자 등 현금 흐름에 영향을 미치는 요소를 분석하고, 단기와 중기적인 자금 계획을 수립해야 한다. 이를 통해 예상치 못한 자금 부족 사태를 미리 방지할 수 있다.

현금 유동성을 잘 관리하기 위해서는 수금 체계를 최적화하는 것 또한 매우 중요하다. 고객이 지불 기한을 지키지 않는 경우, 조직의 현금 흐름이 악화될 수 있다. 체계적인 청구 프로세스와 신용 관리 시스템을 도입하여 납기일에 맞춰 수금할 수 있도록 하고, 미수금을 최소화해야 한다.

수금뿐만 아니라 지출도 당연히 철저히 관리되어야 한다. 약속된 날에 돈은 반드시 나가야 한다. 하지만 회사 사정이 좋지 않는 경우 불가피하게 연기해야 된다면 반드시 협의를 통해 일정을 조정해야 한다. 협의는 미루면 안 되고 빠르게 소통하는 게 신뢰 유지에 핵심이다. 모든 지출이 동일한 중요도를 가지는 것은 아니다. 리더는 조직의 현금 유동성을 고려하여 지출의 우선순위를 설정해야 한다.

또한, 비상 자금을 마련해 두는 것은 핵심이다. 사업은 항상 예상치 못한 위기의 연속이다. 통제하지 못할 상황이나 경제적 불확실성에 대비해, 일정 금액의 현금을 별도로 확보하는 전략은 조직의 리스크를 최소화할 수 있다.

내부적으로 이와 같은 관리 방법을 사용하는 것과 동시에,

리더는 현금 유동성 관리에 있어 금융 기관과의 협력을 적극 활용해야 한다. 필요할 때 대출, 신용 한도, 리스와 같은 금융 서비스를 통해 자금을 유연하게 조달할 수 있는 환경을 구축해야 한다. 신뢰할 수 있는 금융 파트너는 현금 유동성 문제를 해결하는 데 중요한 자산이 될 수 있다.

안정적인 현금 유동성 관리는 조직의 생존과 성장을 보장하는 중요한 리더십 과제다. 리더는 현금 흐름의 투명한 관리, 예측 가능한 계획 수립, 지출 관리와 비상 자금 마련을 통해 현금 유동성을 최적화해야 한다. 안정적인 현금 유동성은 조직을 외부 충격으로부터 보호하고, 장기적인 성장을 가능하게 하는 기반이다.

5-5.
이익에 대한 정확한 이해

매출이 그 회사의 규모와 활동성을 뜻한다면 이익은 내실과 지속성을 의미한다. 이익은 단순히 매출에서 비용을 뺀 결과가 아니라, 조직의 전략적 의사결정과 효율적인 자원 관리의 결과다. 그래서 이 숫자가 의미하는 걸 잘 이해해야 한다.

이익에 대한 명확한 이해를 위해 리더는 우선 수익 구조를 철저히 분석해야 한다. 이는 각 제품이나 서비스가 얼마나 수익성을 가지고 있는지, 어떤 부문이 비용 대비 높은 가치를 창출하는지를 파악하는 데 도움을 준다. 예를 들어, 한 제품이 높은 매출을 기록하지만 마진율이 낮다면, 조직 전체의 수익성에는 오히려 부정적인 영향을 미칠 수 있다.

또한, 고정비와 변동비의 구조를 이해하는 것이 중요하다. 고정비는 매출과 관계없이 지속적으로 발생하는 비용이고, 변동비는 매출에 따라 달라지는 비용이다. 리더는 이러한 비용 구조를 정확히 이해하여, 매출 변화에 따른 수익성 변화를 예측하고 관리해야 한다. 이를 통해 비용 효율성을 극대화하고, 이익을 안정적으로 유지할 수 있다.

이익은 의사결정 과정에서 중요한 기준도 된다. 신제품 출시, 시장 진입, 투자 확대와 같은 전략적 결정을 내릴 때, 리더는 단순히 단기적인 매출 증가에만 주목하기보다는 수익성을 철저히 검토해야 한다. 이를 통해 장기적으로 조직에 실질적인 가치를 높여 나갈 수 있게 된다.

결국, 이익에 대한 명확한 이해는 조직의 성공과 직결된다. 리더는 수익 구조와 비용 구조를 분석하고, 이를 바탕으로 전략적 결정을 내림으로써 조직의 지속 가능성과 성장 가능성을 확보해야 한다는 것을 명심하자.

5-6.
성장할수록 중요해지는 세금

조직이 성장함에 따라 반드시 함께 고려해야 할 것이 바로 세금이다. 세금은 조직의 재무 건전성과 직결되는 중요한 요소로, 이를 소홀히 하면 성과의 많은 부분이 불필요한 비용으로 소진될 수 있다. 리더는 세금 문제를 단순한 행정 업무로 여기지 말고, 장기적인 관점에서 전략적으로 접근해야 한다.

조직이 성장할수록 세금 문제는 더욱 복잡해진다. 새로운 사업 영역에 진출하거나 시장을 확대하면서, 기존의 세금 구조가 적합하지 않을 수 있다. 예를 들어, 해외 진출 시에는 각국의 세법과 관세를 철저히 분석해야 하며, 부가가치세(VAT)와 같은 복잡한 규제를 준수할 필요가 있다. 이를 무시하거나 잘못 이해하면 예상치 못한 법적 문제에 직면하거나, 불필요한 과세로 인해 재정적 손실을 입을 수 있다.

효율적인 세금 관리를 위해 첫 번째로 해야 할 일은 전문가의 도움을 받는 것이다. 세금 관련 법규와 규정은 지속적으로 변화하며, 이를 전담하는 전문가의 지원 없이는 최신 정보를 반영한 전략을 세우기가 어렵다. 리더는 신뢰할 수 있는 세무 전문가나 세무사를 고용하여 조직의 세금 문제를 체계적으로 관리하도록 해야 한다.

두 번째로, 세금 최적화 계획이 필수적이다. 이는 단순히 세금을 줄이는 것을 목표로 하는 것이 아니라, 법적으로 허용되는 범위 내에서 세금을 최적화하는 것이다. 예를 들어, 투자 비용 공제, 연구개발(R&D) 세액 공제 그리고 각종 세금 인센티브를 적극적으로 활용하여 조직의 재무 상태를 개선할 수 있다.

세금 관리는 단순한 절세를 넘어 조직의 평판 관리와도 연결된다. 세금을 회피하거나 축소하려는 잘못된 시도는 법적 문제뿐만 아니라, 조직의 신뢰도를 크게 훼손할 수 있다. 특히, 대중의 신뢰와 기업 이미지를 중요시하는 리더라면 세금 문제를 투명하고 정직하게 처리하는 것이 필수다.

세금은 조직의 성장이 가져오는 성장통이며 세상이 주는 상훈이라 여겨야 한다. 피하고 분노해야 할 대상이 아니라 우리 조직이 돈을 벌 수 있는 환경을 제공한 세상에 대한 명확한 대가이기도 하다. 그러니 즐거운 마음으로 맞이하자. 물론 줄이기 위한 노력은 해야 한다. 그건 실력의 문제이다.

5-7.
절약 문화

회사가 성장함에 따라 리더가 맡게 되는 재정적 책임은 커진다. 그러다 보면 작은 금액에 대해서는 소홀해지기 마련이다. 리더가 직접 관여하는 금액의 규모는 커지고 일정 금액 이하의 비용 처리는 임직원들에게 전결권을 주게 된다. 이러한 변화는 필연적으로 특정 비용에 대한 감시가 약화되는 상황을 초래할 수 있다.

이 과정에서 발생할 수 있는 문제는 단순한 보고 누락이나 배임, 횡령에 국한되지 않는다. 더 큰 문제는 조직 내에 '돈을 쉽게 생각하는 문화'가 자리 잡을 수 있다는 점이다. 이런 방만한 문화는 조직 내에서 자금적으로 '구멍'을 만들기 시작한다. 이건 한번 생기면 점점 커지기 쉽고, 나중에는 수정하기 어려워진다. 문화적으로 한번 자리 잡은 후에는 이를 바꾸기가 매우 어렵다는 것이다. 이걸 강하게 수정하면 리더가 필요 이상으로 비난을 받게 되거나, 팀원들이 불편함을 느끼는 상황이 필연적으로 발생한다. 이는 조직에 결코 바람직하지 않다.

각 개인이 본인 돈처럼 회사의 자원도 소중히 다루는 태도를 만들어야 한다. 사실, 모든 리더들이 원하지만 현실적으로 불가능한 미션이다. 그럼에도 리더는 이 '절약 문화'를 만들기 위해 지속적으로 노력해야 한다. '절약 문화'는 실질적인 돈을 아껴서 이익을 올리자는 의미가 아니라 종이 한 장이라도 아끼려는 문화를 의미한다. 이 문화는 리더가 절대 볼 수 없는 조직의 가장자리까지 구멍이 생기는 것을 막아 주게 된다.

그럼 어떻게 이 문화를 구축할 수 있는가? 첫 번째로, 리더는 절약 문화를 직접적인 행동으로 보여 주며 이를 실천해야 한다. 절약에 있어서 실제로 보여 주는 것만큼 효과적인 교육 방법은 없다. 예를 들어, 사무실에서 종이 사용을 줄이거나, 불필요한 지출을 자제하는 등의 행동을 통해 리더는 직접적인 모범을 보임으로써, 팀원들에게 강력한 메시지를 전달할 수 있다. 두 번째로, 리더가 절약을 강조할 때 개인적 이익이 아니라 '조직의 이익'을 우선시해야 한다. 누가 리더 개인의 이익을 위해서 종이 한 장, 종이컵 하나를 아끼겠는가? 리더는 진심으로 조직의 이익을 위해 문화를 만들어야 하고 이를 강력히 내재화해야 한다.

회사가 성장함에 따라 구매부, 경영지원부가 단단해지며 재무 관리에도 만전을 기하게 된다. 그럼에도 절대 완벽할 수는 없다. 회사의 성장에 따라 상황은 계속 바뀌게 되는데 시스템이 현실을 절대 따라가지 못하기 때문이다. 이걸 해결하기보다 '절약 문화'를 만들어 내는 것이 훨씬 가치가 높다. 팀원들의 입에서 절약이 수시로 나올 때까지 솔선수범과 잔소리는 필수다.

5-8.
재투자에 대한 개념

사업의 성장은 단순히 이익을 창출하는 데서 끝나지 않는다. 지속 가능한 성장을 이루기 위해서는 재투자에 대한 명확한 개념을 이해하고 이를 전략적으로 실행해야 한다. 재투자는 조직의 미래를 위한 준비이자, 시장에서의 경쟁력을 유지하는 데 필수적인 요소다.

재투자의 원칙은 명확한 목적과 우선순위를 설정하는 것이다. 모든 이익을 무작정 재투자하는 것은 조직의 자원을 비효율적으로 사용하는 결과를 초래할 수 있다. 따라서 리더는 어떤 분야가 조직의 장기적인 성장과 수익성을 가장 효과적으로 지원할 수 있는지 판단해야 한다. 예를 들어, 신제품 개발, 기술 혁신, 고객 서비스 강화 등 조직의 핵심 가치를 확장할 수 있는 영역에 재투자를 집중해야 한다.

그리고 재투자는 위험 관리와 연결되어야 한다. 성장 가능성이 높아 보이는 분야라 하더라도, 과도한 재투자는 조직을 재정적으로 불안정하게 만들 수 있다. 리더는 재투자 결정 시 철저한 분석과 시뮬레이션을 통해 잠재적인 리스크를 파악하고, 이를 최소화할 수 있는 방안을 마련해야 한다. 소규모로 시작해 시장 반응을 검증한 후, 긍정적인 신호를 바탕으로 투자 규모를 점차 확대하는 접근이 필요하다.

조직 내부의 역량 강화와도 깊은 연관이 있다. 단기적인 수익 창출보다는 장기적인 성장을 위한 인프라와 인재에 투자하는 것이 중요하다. 예를 들어, 기술적 역량을 강화하기 위한 설비 투자나, 팀원들의 전문성을 높이기 위한 교육 프로그램이 이에 해당한다. 이러한 투자는 즉각적인 성과를 보이지 않을 수도 있지만, 조직의 경쟁력을 근본적으로 강화하는 데 기여한다.

리더의 역할은 조직의 재무 건전성과 균형을 유지하는 것이다. 모든 이익을 재투자에 사용하는 것은 위험하며, 비상 상황이나 예기치 못한 변화에 대비하기 위한 유동 자금을 항상 확보해야 한다. 리더는 재투자와 비상 자금의 균형을 유지하면서 조직의 안정성과 성장 가능성을 동시에 추구해야 한다. 현명한 재투자는 조직을 더욱 탄탄하게 만들고, 변화하는 시장 환경에서도 지속 가능한 성공을 가능하게 한다.

5-9.
올바른 투자를 위한 작은 실패와 큰 성공

　사업에서 투자는 단순히 돈을 쓰는 것이 아니라, 미래의 기회를 창출하는 과정이다. 리더는 변화하는 시장 환경 속에서 투자 감각을 지속적으로 키워야 하며, 이를 통해 조직의 성장과 성공을 이끌어야 한다. "작게 실패하고 크게 성공하라."라는 원칙은 리더가 투자 결정을 내릴 때 반드시 고려해야 할 중요한 전략이다.

　모든 투자에는 리스크가 따른다. 그러나 리스크를 완전히 회피하려는 태도는 더 큰 기회를 놓치는 결과를 초래할 수 있다. 리더는 실패의 가능성을 인정하고, 실패하더라도 조직에 치명적인 영향을 주지 않는 소규모의 투자로 시작해야 한다. 이를 통해 투자 아이디어를 검증하고, 시장 반응을 테스트하며, 잠재적인 문제를 조기에 발견할 수 있다. 예를 들어, 새로운 제품을 출시하기 전에 제한된 지역에서 베타 테스트를 진행하거나, 소규모 고객 그룹을 대상으로 시범 서비스를 운영하는 방식이 여기에 해당한다.

　리더는 자신의 경험뿐만 아니라, 다른 조직이나 리더들의 성공과 실패 사례를 분석함으로써 투자 감각을 키울 수 있다. 다른 이들의 실패 사례는 리스크를 회피할 수 있는 귀중한 교훈을 제공하며, 성공 사례는 효과적인 투자 전략에 대한 영감을 준다. 예를 들어, 유사한 산업에서의 투자 동향을 살펴보거나, 성공적인 리더들이 어떤 결정을 통해 성과를 냈는지 분석하는 것은 투자 감각을 키우는 데 크게 기여한다.

작은 규모로 시작해 긍정적인 결과를 확인한 후에는, 성공을 확대하기 위한 전략을 수립해야 한다. 이 단계에서는 과감한 결단력이 필요하다. 긍정적인 신호가 명확한 투자 기회라면, 필요한 자원을 집중 투입 하여 큰 성과를 만들어 내야 한다. 하지만 이 과정에서도 조직의 재무 건전성을 해치지 않는 범위에서 실행 가능한 계획을 수립해야 한다. 리더는 기회를 놓치지 않으면서도, 지나치게 무리하지 않는 균형을 유지해야 한다.

투자 감각은 한 번에 얻어지는 것이 아니라, 지속적인 학습과 경험을 통해 강화된다. 리더는 시장 동향을 지속적으로 모니터링하고, 최신 기술과 혁신적인 아이디어를 배우며, 이를 조직의 전략에 적용하는 데 노력해야 한다. 또한, 전문가들과의 네트워킹을 통해 새로운 관점과 통찰을 얻는 것도 중요한 방법이다.

리더는 "작게 실패하고 크게 성공하라."라는 원칙을 바탕으로 투자 결정을 내림으로써, 조직의 성장을 안정적으로 이끌 수 있다. 실패를 두려워하지 않고 이를 학습의 기회로 삼으며, 성공

가능성이 높은 기회를 과감히 실행하는 태도는 리더십의 핵심 요소다.

Part 6
성장을 위한 기술: 팀 빌딩

6-1.
팀 빌딩을 위한 리더의 마음 자세

　리더는 늘 조직 속에 노출되어 있다. 그리고 항상 잘한 부분보다 잘못이 눈에 잘 띄게 된다. 리더는 공인의 자세로 말과 행동을 조심하고 삼가야 한다. 이러한 리더가 팀 빌딩을 하기 위해서는 기본적으로 "다 내 잘못이다."라는 마음 자세가 필요하다. 회사 대부분의 문제를 리더에게 귀결시키면 조직에 긍정적인 면이 많다.

　팀 빌딩에 있어 리더십은 완벽함을 요구하지 않는다. 오히려 리더는 자신의 잘못을 인정하고 이를 개선해 나가는 과정에서 진정한 리더십을 발휘할 수 있다. 대부분 리더들은 크고 작은 실수를 반복하지만, 중요한 것은 이 실수들이 조직의 성장과 팀원들의 신뢰를 구축하는 밑거름이 될 수 있다는 점이다.

리더가 범하는 잘못의 상당 부분은 과도한 욕심이나 부족한 경험에서 비롯된다. 예를 들어, 너무 높은 목표를 설정하거나, 팀원들에게 과도한 압박을 가하는 행동은 단기적으로는 성과를 낼 수 있을지 모르지만, 장기적으로는 조직의 분위기를 해치고 팀원들의 신뢰를 잃게 한다. 리더는 자신의 행동이 어떤 영향을 미치는지 객관적으로 분석하고, 이를 통해 잘못의 원인을 이해해야 한다.

또한 리더는 잘못을 인정하는 데 주저하지 말아야 한다. 잘못을 숨기거나 변명으로 일관하면, 팀원들은 리더의 진정성을 의심하게 된다. 반대로, 잘못을 인정하고 이를 개선하기 위해 노력하는 모습을 보이면, 팀원들은 리더를 더욱 신뢰하게 된다. 잘못을 인정하는 용기는 리더십의 핵심이며, 이는 조직 내에서 솔직한 커뮤니케이션 문화를 조성하는 데도 기여한다.

리더는 실수를 단순히 실패로 여기지 말고, 이를 학습의 기회로 삼아야 한다. 잘못된 결정이나 행동이 있었다면, 그로 인해 얻은 교훈을 정리하고 이를 바탕으로 더 나은 전략을 수립해야 한다. 예를 들어, 프로젝트 실패 후에는 팀원들과 함께 원인을 분석하고, 다음 프로젝트에서는 같은 실수를 반복하지 않기 위한 대책을 마련해야 한다.

리더는 모든 것을 혼자 해결하려는 태도를 버리고, 팀원들과 협력하여 문제를 해결해야 한다. 잘못된 결정이 있었을 때, 팀원들과 솔직하게 논의하고 그들의 아이디어와 조언을 받아들임으로써 더 나은 해결책을 찾을 수 있다. 이러한 과정은 리더와 팀원 간의 신뢰를 강화하고, 조직 전체의 문제 해결 능력을 높이는 데 기여한다.

리더의 잘못은 조직의 위기가 될 수도 있지만, 이를 극복하고 발전의 기회로 삼는 태도는 리더십을 더욱 빛나게 한다. 리더는 자신의 한계를 인정하고, 이를 통해 배우며, 팀원들과 협력하여 지속적으로 성장해야 한다. 잘못을 두려워하지 않는 리더만이 진정한 변화와 혁신을 이끌 수 있다.

6-2.
모두 다름을 인정하는 것

　리더십의 시작은 팀원들 각각의 고유한 개성과 능력을 인정하는 데 있다. 조직은 다양한 배경, 경험 그리고 관점을 가진 사람들로 구성되어 있다. 이러한 다양성은 조직의 창의성과 문제 해결 능력을 강화하는 중요한 자산이지만, 이를 인정하지 못하면 오히려 갈등과 비효율로 이어질 수 있다. 리더는 모든 팀원의 다름을 인정하고, 이를 조직의 강점으로 전환하는 역할을 해야 한다.

　모든 팀원은 서로 다른 강점과 약점을 가지고 있다. 리더는 각 개인의 역량과 특성을 파악하고, 이를 바탕으로 적합한 역할을 부여해야 한다. 예를 들어, 분석적 사고에 강한 팀원은 전략 계획에, 창의적인 아이디어가 뛰어난 팀원은 새로운 프로젝트 개발에 적합할 수 있다. 이러한 역할 분담은 팀원들이 자신의 능력을 최대한 발휘할 수 있도록 돕는다.

　팀원들 간의 차이를 인정하는 것에서 더 나아가, 다양성을 조직 문화의 핵심 가치로 삼아야 한다. 서로 다른 관점을 자유롭게 공유할 수 있는 환경은 팀의 창의성과 협업 능력을 증진시킨다. 리더는 팀원들에게 존중과 포용의 문화를 강조하며, 이를 실천하는 모범을 보여야 한다.

다양성을 인정하는 과정에서는 필연적으로 갈등이 발생할 수 있다. 리더는 갈등을 두려워하기보다는 이를 건설적으로 해결할 수 있는 방법을 모색해야 한다. 서로 다른 의견이 충돌할 때, 리더는 중립적인 입장에서 문제의 본질을 파악하고, 팀원들이 서로의 관점을 이해할 수 있도록 돕는 중재자가 되어야 한다. 이러한 과정은 팀원들 간의 신뢰를 강화하고, 조직의 응집력을 높이는 데 기여한다.

팀원들의 다름을 인정하는 것은 단순히 문제를 해결하는 것을 넘어, 조직의 성장과 혁신을 촉진하는 원동력이 된다. 리더는 팀원들의 다양한 아이디어와 역량을 결합하여 새로운 기회를 창출해야 한다. 예를 들어, 서로 다른 배경을 가진 팀원들이 함께 참여하는 브레인스토밍 세션은 독창적인 해결책과 전략을 만들어 낼 수 있다.

리더가 다양성을 인정하고 이를 긍정적으로 활용할 때, 조직은 더욱 창의적이고 강력한 경쟁력을 갖출 수 있다. 이는 단순히 개인의 차이를 수용하는 것을 넘어, 다름을 조화롭게 통합해 조직의 지속적인 성장을 이끄는 핵심적인 힘이 된다.

6-3.
자립형 팀을 목표로 할 것

　리더의 최종 목표는 모든 문제를 직접 해결하는 것이 아니라, 팀이 스스로 문제를 해결할 수 있도록 돕는 데 있다. 자립형 팀은 리더의 지시를 기다리지 않고, 스스로 의사결정을 내리고 실행할 수 있는 역량을 갖춘 조직을 의미한다. 이러한 팀은 리더에게는 부담을 덜어 주고, 조직 전체에는 높은 생산성과 효율성을 가져온다.
　자립형 팀을 구축하기 위해 가장 먼저 필요한 것은 팀원들에게 책임감과 권한을 부여하는 것이다. 책임감은 자신이 맡은 일에 대해 최선을 다하게 만들고, 권한은 필요한 순간에 결정을 내릴 수 있는 자유를 제공한다. 리더는 명확한 목표와 방향을 제시한 후, 팀원들이 자신의 역할과 책임을 주도적으로 수행할 수 있도록 지원해야 한다.
　자립형 팀의 또 다른 중요한 요소는 소통과 협력의 문화를 조성하는 것이다. 팀원들이 자유롭게 의견을 교환하고, 문제를 함께 해결할 수 있는 환경을 만드는 것이 필수적이다. 리더는 소통의 중심에서 조율자 역할을 하며, 각자의 아이디어와 역량이 최대한 발휘될 수 있도록 돕는다.

학습과 성장을 장려하는 환경도 자립형 팀의 필수 조건이다. 팀원들이 실패를 두려워하지 않고, 새로운 시도를 통해 성장할 수 있는 문화를 만들어야 한다. 리더는 실패를 처벌하기보다는 이를 통해 얻은 교훈을 공유하고, 팀의 역량 강화로 연결할 수 있는 분위기를 조성해야 한다.

자립형 팀은 시간이 걸리더라도, 조직 전체의 지속 가능성과 경쟁력을 강화하는 데 중요한 자산이다. 리더는 팀원들의 자율성과 책임감을 존중하면서도, 필요할 때는 지원을 아끼지 않는 균형 잡힌 리더십을 발휘해야 한다. 스스로 움직이는 팀은 리더와 조직 모두를 성장의 길로 이끌 것이다.

6-4.
신뢰를 바탕으로 한 리더십

리더십의 핵심은 신뢰다. 신뢰가 없는 리더십은 아무리 좋은 전략과 자원이 있어도 그 효과를 발휘하지 못한다. 팀원들은 리더가 믿을 만한 존재라고 느낄 때, 더 큰 헌신과 책임감을 가지고 조직의 목표를 위해 노력한다. 따라서 리더는 신뢰를 기반으로 한 리더십을 구축하는 데 초점을 맞춰야 한다.

리더가 신뢰를 얻기 위한 가장 중요한 첫걸음은 일관성 있는 행동이다. 리더의 말과 행동이 항상 일치해야 하며, 팀원들에게 약속한 사항은 반드시 지켜야 한다. 예를 들어, 리더가 팀원들에게 피드백을 정기적으로 제공하겠다고 약속했으면, 이를 꾸준히 실천해야 한다. 이러한 일관성은 시간이 지나면서 신뢰를 쌓는 중요한 기반이 된다.

또한, 투명한 의사소통은 신뢰를 구축하는 또 다른 핵심 요소다. 리더는 조직의 목표, 진행 상황, 문제점 등을 팀원들과 솔직하게 공유해야 한다. 모든 정보를 공개할 수는 없더라도, 팀원들이 조직의 상황을 이해하고 자신들의 역할을 명확히 알 수 있도록 도와야 한다. 이러한 소통은 팀원들에게 존중받고 있다는 느낌을 주며, 리더에 대한 신뢰를 강화한다.

팀원들의 의견을 경청하고, 이를 의사결정 과정에 반영하는 것도 중요하다. 리더가 팀원들의 목소리를 진지하게 받아들이면, 팀원들은 자신의 의견이 가치 있다고 느끼고, 더 큰 동기부여를 얻는다. 예를 들어, 프로젝트 초기 단계에서 팀원들의 아이디어를 적극적으로 수렴하고, 이를 실행 계획에 반영하는 것은 신뢰를 구축하는 강력한 방법이다.

신뢰는 위기 상황에서 그 진가를 발휘한다. 조직이 어려운 상황에 처했을 때, 리더가 팀원들과 함께 문제를 해결하려는 모습을 보이면, 팀원들은 리더를 더 깊이 신뢰하게 된다. 이러한 신뢰는 조직 전체의 결속력을 강화하고, 어려움을 극복하는 데 필요한 동력을 제공한다.

리더는 신뢰를 기반으로 팀원들과의 관계를 형성하고, 이를 통해 조직의 안정성과 성장을 동시에 이끌어야 한다. 신뢰는 리더십의 시작이자 끝이며, 리더가 이를 얼마나 잘 구축하느냐에 따라 조직의 성공 여부가 결정된다.

6-5.
가장 위험한 암적 존재. 험담자들

조직에서 험담은 단순히 개인 간의 갈등이나 불화의 수준을 넘어설 수 있다. 험담은 팀워크를 저해하고, 조직 내 신뢰를 훼손하며, 생산성을 떨어뜨리는 암적 존재로 작용한다. 험담은 조직의 분위기를 서서히 악화시키는 독과 같으며, 리더는 이를 방관해서는 안 된다. 험담을 관리하고 예방하는 것은 조직의 건강과 장기적인 성공을 위해 필수적이다.

험담은 종종 사소한 오해나 불만에서 시작된다. 하지만 시간이 지남에 따라 이는 왜곡되고 과장되어 조직 내에서 큰 문제로 발전할 수 있다. 리더는 이러한 초기 신호를 감지하고, 험담이 조직 문화를 침해하지 않도록 적극적으로 대처해야 한다. 이를 위해서는 열린 의사소통의 문화를 조성하고, 팀원들이 불만이나 문제를 직접적으로 표현할 수 있는 환경을 만들어야 한다.

리더는 또한 험담이 조직 내에서 허용되지 않는다는 명확한 메시지를 전달해야 한다. 험담은 단순히 팀원들 간의 개인적인 문제로 치부될 수 없다. 이는 조직 전체의 신뢰와 협력을 저해하는 요소로 작용하기 때문이다. 리더는 험담을 방지하기 위해 긍정적인 커뮤니케이션을 장려하고, 팀원들 간의 상호 존중을 강조해야 한다.

이와 함께, 리더는 험담의 근본적인 원인을 파악하고 이를 해결하기 위한 노력을 기울여야 한다. 험담은 종종 팀원들이 자신의 의견을 표출할 기회를 갖지 못했거나 또는 팀원 간의 의견 대립이나 갈등에서 발생한다. 리더가 이러한 문제를 보며 팀원 중 핵심 트러블 메이커를 찾아내야 한다. 그리고 그 인원이 조직 문화와 맞지 않는다고 판단한다면 면담을 통해 방향을 결정해야 한다.

또한, 험담과 연루된 팀원들에게도 적절한 피드백을 제공해야 한다. 험담의 영향을 명확히 설명하고, 이를 개선하기 위한 구체적인 행동 방안을 제시해야 한다. 이는 단순히 처벌하는 것이 아니라, 팀원들이 조직의 긍정적인 문화를 이해하고 이를 실천하도록 돕는 과정이다.

험담은 조직의 성과와 분위기를 잠식하는 위험 요소다. 리더는 이를 단호하게 관리하고, 예방하기 위한 체계적인 접근법을 도입해야 한다. 조직 내 모든 구성원이 신뢰와 존중을 바탕으로 협력할 때, 조직은 더욱 강력한 연대감을 바탕으로 성장할 수 있다.

6-6.
영감을 주는 리더

리더의 역할은 단순히 지시를 내리고 목표를 달성하는 데 그치지 않는다. 진정한 리더는 팀원들에게 영감을 주고, 그들이 자신의 역량을 최대한 발휘할 수 있도록 돕는 존재다. 영감을 주는 리더는 조직의 동력으로 작용하며, 팀원들이 스스로 동기를 부여받아 적극적으로 업무에 임하도록 만든다.

직원들에게 영감을 주기 위해 리더가 가장 먼저 해야 할 일은 비전과 방향성을 명확히 제시하는 것이다. 팀원들은 자신이 수행하는 일이 조직 전체에서 어떤 역할을 하는지 알고 싶어 한다. 리더는 조직의 목표와 가치를 명확히 전달하고, 팀원들이 자신의 업무가 목표 달성에 어떻게 기여하는지 이해할 수 있도록 도와야 한다. 이는 팀원들에게 자부심과 책임감을 심어 줄 뿐만 아니라, 일에 대한 동기부여를 강화한다.

리더는 솔선수범의 자세를 보여야 한다. 팀원들에게 기대하는 행동을 스스로 실천하는 리더는 말 이상의 영향력을 발휘한다. 예를 들어, 높은 성과를 요구하는 리더는 자신부터 성실한 태도로 업무에 임해야 한다. 팀원들은 리더의 행동에서 진정성을 느끼고, 그를 본받아 더 나은 결과를 만들어 내려 노력하게 된다.

또한, 팀원 개개인의 강점과 가능성을 발견하고 이를 격려하는 것도 중요하다. 리더는 단순히 지시를 내리는 사람이 아니라, 팀원들의 성장을 돕는 멘토가 되어야 한다. 각자의 잠재력을 파악하고, 이를 개발할 수 있는 기회를 제공하는 리더는 팀원들에게 큰 동기부여가 된다. 예를 들어, 특정 업무에서 탁월한 성과를 낸 팀원에게 칭찬과 함께 더 도전적인 역할을 맡기는 것은 그들의 자신감과 역량을 키우는 데 효과적이다.

그리고 리더는 긍정적인 에너지와 믿음을 전달해야 한다. 팀원들은 종종 실패나 어려움 속에서 좌절할 수 있다. 이때 리더는 그들을 지지하고, 실패를 성장의 기회로 여길 수 있도록 독려해야 한다. "너라면 할 수 있다."라는 리더의 한 마디는 팀원들에게 큰 힘이 될 수 있다.

결국, 직원들에게 영감을 줄 수 있는 리더는 조직의 성공을 이끄는 원동력이다. 이러한 리더는 단순히 결과만을 바라보지 않고, 팀원들의 성장과 발전을 조직의 중요한 가치로 삼는다. 팀원들은 리더의 비전과 행동에서 동기를 얻고, 조직 전체가 더욱 창의적이고 활기찬 분위기로 나아갈 수 있게 된다.

6-7.
직원 교육의 중요성

　조직에서 발생하는 많은 문제는 직원들의 교육 부족에서 비롯될 수 있다. 업무를 제대로 수행하지 못하거나, 변화하는 환경에 적응하지 못하는 팀원은 조직 전체의 생산성과 효율성을 저하시킬 수 있다. 그러나 이러한 상황의 책임은 단순히 직원 개인에게 있는 것이 아니다. 리더는 팀원들이 필요한 역량과 지식을 갖출 수 있도록 교육과 지원을 제공할 책임이 있다.

　팀원들의 교육 부족 문제를 해결하기 위해, 리더는 먼저 직원의 현재 역량을 객관적으로 평가해야 한다. 이를 통해 각 팀원이 어떤 분야에서 강점을 가지고 있고, 어떤 부분에서 보완이 필요한지 명확히 파악할 수 있다. 예를 들어, 새로운 소프트웨어를 사용하는 프로젝트에서 일부 직원이 기술 부족으로 어려움을 겪는다면, 이를 보완할 맞춤형 교육 프로그램을 제공해야 한다.

　교육은 단순히 기술적 역량을 강화하는 데 그치지 않는다. 팀원들이 조직의 비전과 목표를 이해하고, 자신의 역할을 명확히 인식할 수 있도록 돕는 것도 중요한 부분이다. 리더는 팀원들에게 조직이 추구하는 방향성과, 그들의 역할이 어떤 관련이 있는지를 지속적으로 설명하고 이를 통해 업무에 대한 몰입도를 높여야 한다.

또한, 리더는 교육을 단기적인 활동이 아닌 지속적인 과정으로 바라보아야 한다. 변화하는 시장 환경과 기술 발전 속에서 팀원들이 꾸준히 배우고 성장할 수 있도록, 정기적인 교육 기회와 피드백을 제공해야 한다. 예를 들어, 분기마다 기술 워크숍을 개최하거나, 외부 전문가를 초빙해 최신 트렌드에 대한 강의를 제공하는 것은 팀원들의 역량 강화를 위한 좋은 방법이다.

팀원들의 교육이 부족한 상황을 방치하면, 이는 단순히 개인의 문제를 넘어 조직 전체의 성과 저하로 이어질 수 있다. 리더는 이러한 상황을 예방하기 위해 교육의 필요성을 조직 문화에 내재화시켜야 한다. 팀원들이 스스로 학습의 중요성을 느끼고, 자발적으로 교육 기회에 참여할 수 있는 환경을 조성하는 것이 핵심이다.

팀원의 성장은 곧 조직의 성장을 의미한다. 리더는 팀원들에게 적절한 교육과 지원을 제공함으로써, 그들이 자신의 잠재력을 최대한 발휘할 수 있도록 도와야 한다. 교육 부족의 책임은 리더에게 있다. 이를 인식하고 체계적인 교육 전략을 실행하는 리더가 있는 조직만이 변화와 경쟁 속에서도 지속적으로 성장할 수 있다.

6-8.
중소기업에 맞는 채용 전략

작은 회사는 대기업과 비교해 자원이 제한적이지만, 그만큼 민첩하고 유연한 채용 전략을 실행할 수 있다는 장점이 있다. 리더는 이러한 장점을 활용해 조직의 특성과 맞는 인재를 효과적으로 확보해야 한다. 적합한 인재를 채용하는 것은 조직의 성장과 경쟁력을 확보하는 데 핵심적인 역할을 한다.

채용 전략에서 가장 중요한 것은 명확한 인재상 정의다. 조직이 필요로 하는 역량과 자질을 명확히 규정하고, 이에 부합하는 지원자를 찾는 것이 성공적인 채용의 시작이다. 예를 들어, 작은 회사는 대기업처럼 모든 영역을 전문화할 수 없으므로, 다재다능하고 유연한 사고를 가진 인재가 더 적합할 수 있다. 리더는 회사의 비전과 문화에 적합한 사람을 채용하는 데 초점을 맞춰야 한다.

작은 회사는 지원자와의 직접적인 소통을 통해 채용 과정을 더욱 개인화할 수 있다. 대기업에서는 표준화된 절차와 대규모 채용 방식이 일반적이지만, 작은 회사는 지원자와 1:1로 심도 깊은 대화를 나누고, 그들의 목표와 회사의 비전을 공유할 수 있다. 이러한 접근은 지원자에게 신뢰감을 주고, 회사에 대한 긍정적인 이미지를 심어 준다.

또한, 비전 중심의 채용 전략을 활용할 수 있다. 높은 연봉이나 복지를 제공하기 어려운 상황에서도, 회사가 가진 비전과 성장 가능성을 강조함으로써 열정적이고 목표 지향적인 인재를 유치할 수 있다. 예를 들어, "우리와 함께 새로운 시장을 개척하며 성장해 나가자."라는 메시지는 지원자들에게 도전 의식과 동기를 부여할 수 있다.

구인을 위해 기존 네트워크를 활용하는 것도 채용에 유리하다. 추천이나 인맥을 통해 적합한 인재를 찾는 것은 대기업보다 빠르고 비용 효율적인 방법이다. 또한, 추천을 통해 채용된 인재는 조직 문화에 더 잘 적응하고, 업무에 대한 이해도가 높은 경우가 많다. 리더는 팀원들과의 신뢰를 바탕으로 추천 제도를 활성화할 수 있다.

작은 회사의 강점은 민첩함과 개인화된 접근 방식에 있다. 리더는 이를 최대한 활용해, 조직에 적합한 인재를 찾아내는 데 집중해야 한다. 올바른 사람을 적재적소에 배치하면, 작은 회사도 대기업 못지않은 성과를 낼 수 있다. 채용은 단순히 사람을 뽑는 것이 아니라, 조직의 미래를 설계하는 중요한 과정이라는 점을 기억해야 한다.

6-9.
가장 중요한 투자처는 사람

사업에서 가장 중요한 투자는 기술이나 자산이 아니라 사람에게 있다. 특히 리더와 직원은 조직의 핵심적인 동력이며, 이들에게 적절히 투자하는 것은 조직의 성공과 지속 가능성을 결정짓는 요소다. 리더는 자신과 팀원들에게 아낌없이 투자하며, 이를 통해 조직의 전반적인 성과를 향상시킬 수 있어야 한다.

리더는 우선 자신에게 투자하는 것의 중요성을 인식해야 한다. 리더가 역량과 통찰을 지속적으로 발전시키지 않으면, 조직은 정체되거나 잘못된 방향으로 나아갈 위험이 크다. 독서, 교육 프로그램 참여, 산업 네트워크 구축 등은 리더가 성장하기 위해 반드시 필요한 요소다. 리더는 자신이 지속적으로 배우고 성장하는 모습을 보여 줌으로써, 팀원들에게 모범이 되어야 한다.

직원들에 대한 투자는 단순히 급여나 복지 제공을 뜻하는 게 아니다. 팀원들이 업무에서 더 높은 성과를 낼 수 있도록 교육과 개발 기회를 제공하는 것이 핵심이다. 예를 들어, 직무 관련 기술을 강화할 수 있는 워크숍이나 세미나 참여를 지원하거나, 리더십 개발 프로그램을 통해 미래의 리더를 양성할 수 있다. 이러한 투자는 직원들의 자신감을 높이고, 조직 내에서 그들의 역할을 더욱 명확히 한다.

팀원들에게 투자하는 또 다른 방식은 업무 환경의 개선이다. 직원들이 스트레스를 덜 받고 더 효율적으로 일할 수 있는 환경을 제공하는 것은 그들의 생산성을 높이고, 조직의 전반적인 분위기를 긍정적으로 바꿀 수 있다. 예를 들어, 유연 근무제 도입, 쾌적한 사무 공간 조성, 정기적인 피드백 시스템 구축 등이 이에 해당한다.

투자는 반드시 직원들의 동기부여와 충성도를 강화하는 방향으로 이루어져야 한다. 직원들은 자신이 조직에서 가치 있는 존재라고 느낄 때, 더 큰 헌신과 책임감을 가지고 일하게 된다. 이를 위해 리더는 직원들의 성과를 정기적으로 인정하고, 그들이 조직의 목표 달성에 기여하고 있다는 사실을 지속적으로 상기시켜야 한다.

사람에 대한 투자는 단기적으로는 비용처럼 보일 수 있지만, 장기적으로는 조직의 가장 큰 자산으로 돌아온다. 리더가 자신과 팀원들에게 지속적으로 투자할 때, 조직은 더욱 견고하고 탄탄한 경쟁력을 갖출 수 있다. 이는 단순히 인재 양성을 넘어, 조직의 문화와 성과를 근본적으로 변화시키는 힘이 된다.

Part 7

성장을 위한 기술: 위기 관리

7-1.
위험에 대한 메타인지 능력

사업을 운영하면서 리더는 위험에 대한 판단 능력을 보유해야 한다. 이는 단순히 직감이나 경험에 의존하는 것이 아니라, 상황을 객관적으로 분석하고 미래의 변수를 예측하며, 최적의 결정을 내릴 수 있는 메타인지 능력에 기반을 둔다. 메타인지 능력은 자신의 사고 과정을 스스로 인식하고 통제할 수 있는 능력으로, 복잡한 문제를 해결하고 조직을 위기에서 보호하는 데 필수적이다.

위험을 정확히 판단하기 위해 리더는 먼저 현재 상황을 명확히 이해해야 한다. 이는 단순히 표면적으로 드러난 문제를 보는 것을 넘어, 문제의 근본 원인을 파악하는 데 초점이 맞춰져야 한다. 예를 들어, 매출이 감소하고 있다면, 단순히 외부 경제 환경을 탓하는 것이 아니라, 내부 프로세스, 제품 경쟁력, 고객 만족도 등 다양한 요인을 분석해야 한다. 메타인지 능력을 활용하면, 이러한 문제를 더욱 체계적이고 깊이있게 이해할 수 있다.

다음으로, 위험 시나리오를 가정하고 이에 대비하는 계획을 세우는 것이 중요하다. 리더는 최악의 상황을 포함한 여러 가능성을 고려하며, 각각의 경우에 대한 대응 전략을 준비해야 한다. 이를 통해 예기치 못한 상황에서도 빠르고 효과적으로 대처할 수 있다. 예를 들어, 주요 공급망이 중단될 경우 대체 공급원을 확보하는 전략이나, 갑작스러운 시장 변화에 대응하기 위한 유연한 자원 배분 계획을 미리 마련해야 한다.

메타인지 능력은 리더가 자신의 판단이 얼마나 정확하고 신뢰할 수 있는지 평가할 수 있도록 도와준다. 모든 사람이 실수를 할 수 있지만, 메타인지 능력이 뛰어난 리더는 자신의 한계를 인식하고, 부족한 부분을 보완할 수 있는 방법을 찾는다. 예를 들어, 특정 기술 분야에 대한 전문 지식이 부족하다면, 전문가의 의견을 구하거나 데이터 분석을 통해 결정을 내릴 수 있다.

위험을 판단하는 과정에서 팀원들과의 협력도 중요한 역할을 한다. 리더는 팀원들의 다양한 관점과 피드백을 적극적으로 수용하며, 이를 바탕으로 더 나은 결정을 내릴 수 있다. 메타인지 능력을 발휘하여 팀원들의 의견을 객관적으로 평가하고, 최적의 방안을 찾아 실행하는 것은 조직의 위기 대응 능력을 크게 향상시킨다.

위험에 대한 정확한 판단 능력은 단순히 조직을 위기에서 구하는 것을 넘어, 성장과 혁신을 위한 기반을 제공한다. 리더가 메타인지 능력을 활용하여 상황을 정확히 파악하고, 현명한 결정을 내릴 때, 조직은 더욱 안정적이고 탄탄한 미래를 만들어 갈 수 있다. 이는 성공적인 리더십의 핵심 역량이라 할 수 있다.

7-2.
카피캣을 인정하라

　사업에서 성공한 전략이나 아이디어는 반드시 경쟁자에 의해 모방된다. 이는 피할 수 없는 현실이며, 이를 부정하거나 회피하려는 대신 적극적으로 받아들이고 대응하는 것이 리더로서의 중요한 역량이다. 경쟁자의 모방, 즉 '카피캣'을 인정하는 태도는 단순히 방어적인 자세를 넘어, 조직의 차별화된 경쟁력을 강화하는 계기로 작용할 수 있다.

　이를 인정하려면 먼저 시장에서의 경쟁 구조를 이해해야 한다. 모든 성공적인 비즈니스 모델이나 제품은 결국 유사한 형태로 복제될 가능성이 크다. 이 과정에서 경쟁자들은 조직의 핵심 강점을 모방하려고 하지만, 리더는 이 강점을 발전시키고 경쟁자와의 차별화를 유지할 방법을 찾아야 한다. 예를 들어, 단순히 제품의 기능을 모방하는 경쟁자에 대응해, 브랜드의 독창성이나 고객 경험을 강화하는 전략을 세울 수 있다.

　경쟁자의 모방을 인정하는 것은 또한 자신의 강점을 강화하는 기회가 된다. 카피캣이 발생했다는 것은 그만큼 조직이 시장에서 중요한 위치를 차지하고 있음을 의미한다. 리더는 경쟁자가 모방할 수 없는 고유의 가치를 창출하고, 이를 고객에게 효과적으로 전달해야 한다. 예를 들어, 지속적으로 혁신하는 제품 개발, 차별화된 고객 서비스, 강력한 브랜드 충성도는 쉽게 따라할 수 없는 조직의 자산이 된다.

카피캣은 또한 리더가 시장 동향과 고객 니즈를 재점검할 기회를 제공한다. 경쟁자가 조직의 아이디어를 모방했다면, 이를 통해 시장의 변화와 고객의 요구가 무엇인지 파악할 수 있다. 이를 바탕으로 리더는 새로운 트렌드를 선도하거나, 기존 제품과 서비스를 개선해 경쟁에서 앞서 나갈 수 있다.

물론 실무를 담당하는 팀원들은 감정적으로 반응할 수 있다. 특히, 그들이 힘들게 만든 결과물이 경쟁업체에 의해 쉽게 모방되는 것을 보며 상실감을 느낄 수도 있게 된다. 그러나 사업의 세계에서 감정은 사치다. 법적인 조치가 현실의 속도를 따라가지 못하는 경우도 많기 때문에, 이러한 상황을 경쟁자의 실력으로 간주해야 한다. 리더의 역할은 이러한 상황을 팀원들에게 잘 설명하는 것이다. 팀원들이 자신들의 작업이 카피당했다는 사실을 자부심의 원천으로 전환할 수 있도록 도와야 한다. 오히려, 경쟁업체가 우리의 아이디어를 모방하는 상황을 면밀히 관찰하고, 이를 통해 우리에게 유리한 정보를 추출해야 한다. 이 과정에서 리더는 전략적 사고와 통찰력을 발휘하여 팀을 안내하고, 모방 상황을 우리의 경쟁 우위로 전환하는 방법을 모색해야 할 것이다.

    결국, 카피캣을 인정하는 태도는 방어적인 자세를 넘어, 조직이 더욱 창의적이고 차별화된 방향으로 나아가는 동력이 된다. 리더는 모방이 경쟁의 일부분이라는 사실을 받아들이고, 이를 활용해 조직의 강점을 강화하며 새로운 기회를 창출해야 한다. 이러한 대응 방식은 단순한 경쟁을 넘어, 시장에서의 지속적인 리더십을 확보하는 데 중요한 역할을 한다.

7-3.
'돈'만을 목표로 할 때 위기는 찾아온다

사업에서 수익을 추구하는 것은 필수적이지만, '돈'만을 목표로 삼는 접근은 조직을 위험에 빠뜨릴 수 있다. 수익만을 좇는 태도는 단기적인 이익을 가져올 수 있을지 모르지만, 장기적으로 조직의 신뢰와 지속 가능성을 훼손할 가능성이 높다. 리더는 돈이라는 결과보다는 조직이 창출하는 가치와 그 과정에 집중해야 한다.

'돈'만을 목표로 삼을 때 가장 큰 문제는 조직의 핵심 가치와 방향성을 잃는 것이다. 리더가 수익만을 강조하면, 팀원들은 윤리적 기준이나 장기적인 목표를 무시한 채 단기적인 성과를 내기 위해 과도한 위험을 감수할 수 있다. 이건 장기적으로 매우 위험해지며 지속 성장 하는 조직 문화를 만들 수 없게 된다.

또한 내부 팀원들의 사기를 저하시킬 가능성이 크다. 조직이 수익에만 집착할 경우, 팀원들은 자신의 기여가 단순히 수익 증대의 도구로 여겨진다고 느낄 수 있다. 이는 직원 만족도와 몰입도를 낮추고, 조직 내에서 높은 이직률을 초래할 수 있다. 내부적 문제를 넘어 고객과의 관계에도 부정적인 영향을 미친다.

단기적인 매출 증대를 위해 고객의 진정한 필요를 무시하거나, 제품과 서비스의 품질을 소홀히 한다면, 이는 고객 불만으로 이어질 수 있다. 결국 이러한 접근은 고객 이탈을 가속화하고, 조직의 장기적인 성과를 위협하게 된다.

반대로, 조직이 직원들의 성장과 발전에 투자하고, 그들의 노력을 인정하며 장기적인 비전을 공유할 때, 팀원들은 더 큰 동기부여를 받게 된다.

리더는 돈을 목표가 아닌 결과물로 이해해야 한다. 돈은 조직이 올바른 방향으로 운영되고, 고객과 팀원들에게 가치를 제공한 결과로 따라오는 것이다. 따라서 리더는 조직의 비전과 가치를 명확히 설정하고, 이를 중심으로 모든 전략과 의사결정을 내려야 한다. 고객 만족, 팀원들의 성과 향상, 사회적 책임과 같은 요소에 집중하면, 자연스럽게 수익도 따라오게 된다.

돈보다 더 중요한 것은 조직의 가치를 유지하며, 고객과 팀원 모두에게 지속적으로 신뢰를 얻는 것이다. 이를 통해 조직은 단기적인 위기를 넘어 장기적으로 성장할 수 있다.

7-4.
회사 내 범죄에 대한 관리

조직 내에서 발생하는 범죄는 단순히 법적인 문제가 아니라, 조직의 신뢰와 운영 기반을 심각하게 훼손할 수 있는 위협이다. 이러한 행동은 조직의 윤리적 기준을 침해하고, 팀워크와 생산성을 저하시킬 뿐만 아니라, 회사의 명성을 손상시키고 외부 이해관계자들의 신뢰를 잃게 만든다. 리더는 회사 내에서 발생할 수 있는 범죄를 예방하고, 이를 관리하기 위한 체계적인 시스템을 구축해야 한다.

조직 내 범죄를 예방하기 위해 리더는 강력한 윤리 문화와 명확한 정책을 수립해야 한다. 회사의 가치와 윤리 강령을 명확히 제시하고, 모든 팀원들이 이를 이해하고 따르도록 해야 한다. 예를 들어, 부패, 횡령, 데이터 유출과 같은 행동이 조직에서 절대로 용인되지 않음을 명확히 하고, 이를 위반할 경우의 결과를 분명히 해야 한다. 이러한 기준은 팀원들에게 조직의 윤리적 기대치를 명확히 전달한다. 이건 처음 시작은 어려우나 규율을 중심으로 문화가 형성되면 가능하다.

또한, 투명성과 내부 통제 시스템을 강화해야 한다. 재무 거래, 자산 관리, 데이터 접근 등 민감한 분야에서는 체계적이고 엄격한 관리 체계를 도입해 잠재적인 범죄 행위를 사전에 차단해야 한다. 예를 들어, 거래 기록을 정기적으로 감사하고, 자산 관리와 데이터 접근 권한을 명확히 규정하면, 범죄 행위가 발생할 가능성을 줄일 수 있다. 내부 고발 시스템을 구축하여 팀원들이 익명으로 문제를 보고할 수 있도록 하는 것도 효과적인 예방책이다.

리더는 팀원들과의 신뢰 관계를 구축함으로써 범죄 예방에 중요한 역할을 할 수 있다. 팀원들이 리더와 조직을 신뢰하면, 그들은 비윤리적인 행동을 저지르려는 유혹에 덜 휘말리게 된다. 이를 위해 리더는 투명한 소통과 공정한 대우를 통해 팀원들에게 존중받는 리더십을 발휘해야 한다. 또한, 정기적으로 윤리 교육을 실시하여 모든 팀원들이 조직의 기준과 기대치를 명확히 이해하도록 해야 한다.

만약 범죄가 발생했을 경우, 리더는 이를 신속하고 철저히 대응해야 한다. 사건을 감추거나 회피하려는 태도는 조직의 신뢰를 더욱 손상시킬 뿐이다. 범죄가 발생한 원인을 철저히 조사하고, 관련자를 공정하게 처벌하며, 재발 방지를 위한 대책을 마련해야 한다. 이러한 과정은 조직 내 모든 구성원에게 윤리와 공정성의 중요성을 상기시킬 수 있다.

조직 내 범죄를 예방하고 관리하는 것은 단순히 법적 문제를 피하는 것을 넘어, 조직의 건강과 신뢰를 지키는 데 필수적이다. 리더는 강력한 윤리 문화를 조성하고, 이를 기반으로 투명한 내부 통제와 신뢰 관계를 구축해야 한다. 이러한 노력이 조직을 더욱 강력하고 지속 가능한 기반 위에 세우는 데 중요한 역할을 할 것이다.

7-5.
외부 전문가 협력을 통한 리더십 강화

　리더는 회사 내부의 역량만으로 모든 문제를 해결하기보다는 외부 전문가 집단과의 협력을 통해 조직의 복잡성을 효과적으로 관리하고, 더 나은 결과를 도출해야 한다. 회사 외부에 전문가 네트워크를 구축하고 활용하는 것은 조직 운영에 필수적인 전략 중 하나이다.

　외부 전문가의 활용은 리더에게 모든 영역에서 완벽할 필요가 없다는 자유를 제공한다. 리더는 전략적 방향 설정에 집중하며, 법률, 재무, 기술 등 세부적인 전문 지식이 요구되는 문제가 발생 시 해당 분야의 전문가들에게 맡길 수 있게 된다. 물론 회사 내 관련 부서에 전문 직원들이 있으나 그들이 모든 문제를 해결할 수는 없다. 그래서 적합한 외부 전문가 활용은 필수다. 예를 들어, 기존 세무 업무는 내부 재무 팀에서 진행할 수 있으나 복잡한 회계 문제는 회계사와 재무 전문가에게 위임하는 것이 효율적이다.

　또한, 전문가와의 소통을 통해 많은 조언을 얻을 수 있다. 비즈니스 환경의 불확실성 속에서 예상치 못한 고민이 발생했을 때, 다양한 분야의 전문가들로부터 받는 심도 깊은 분석과 조언은 리더가 신속하고 효과적으로 의사결정을 내릴 수 있게 한다. 마케팅 변화에 대응하기 위한 전략이나 새로운 기술 도입에 관한 결정을 전문가의 데이터와 통찰을 기반으로 할 수 있다.

외부와의 협력을 통해 조직의 전반적인 역량도 강화된다. 전문가들이 제공하는 트레이닝과 멘토링을 통해 팀원들의 스킬과 지식이 향상되며, 이는 조직의 내부 성장과 혁신을 촉진한다. 이러한 과정을 통해 조직의 경쟁력을 강화하고 장기적으로 지속 가능한 성공을 위한 토대를 마련하게 된다.

물론 외부 전문가를 활용하는 것은 비용이 많이 들 수 있다. 그러나 이것이 단순히 많은 돈을 지출하라는 의미가 아니다. 내부적으로 문제 해결에 실패하고 시간과 사업적 기회를 놓치고 있는 상황이라면, 오히려 외부 전문가의 활용이 더 경제적이고 효과적일 수 있다는 것이다. 외부 전문가를 통해 리더는 시간과 전문성을 '구매'함으로써 안정적인 사업 운영과 동시에 직원 교육까지 추진할 수 있다.

결국, 회사 외부의 전문가 인프라는 리더에게 조직을 성공적으로 이끌기 위한 중요한 자산이 된다. 이 자산은 리더만이 안정적으로 구축할 수 있으니 평소 관심과 노력을 통해 확보해 나가야 한다.

7-6.
게으름을 포장하지 마라

사업 환경은 빠르게 변화하며, 리더와 조직 모두 끊임없이 적응하고 발전해야 한다. 그러나 종종 조직 내에서 게으름이 '장기적인 효율성'이나 '워라밸'이라는 이름으로 포장되곤 한다. 이는 조직의 발전을 저해하고, 장기적으로는 경쟁력을 약화시킬 수 있다. 리더는 자신과 팀원 모두가 게으름에 빠지지 않도록 경계하며, 이를 적극적으로 바로잡는 데 앞장서야 한다.

게으름은 단순히 일을 하지 않는 것을 의미하지 않는다. 이는 필요한 변화를 회피하거나, 개선을 위한 노력을 게을리하는 태도를 포함한다. 예를 들어, 기존의 프로세스가 비효율적이라는 것을 알면서도 이를 개선하려는 시도를 하지 않는 것은 게으름의 한 형태다. 리더는 이러한 태도가 조직 전반에 퍼지지 않도록 적극적으로 개입해야 한다.

게으름이 종종 효율이라는 이름으로 포장될 때, 리더는 이를 명확히 구분할 줄 알아야 한다. 효율은 같은 자원으로 더 많은 결과를 얻는 것을 의미하지만, 게으름은 최소한의 노력으로 상황을 유지하려는 태도를 뜻한다. 예를 들어, 단기적인 편의를 위해 품질 검토 과정을 생략하거나, 고객의 피드백을 무시하는 것은 효율이 아니라 게으름이다. 리더는 이러한 잘못된 판단이 조직의 장기적인 성과를 해치지 않도록 해야 한다.

게으름을 극복하기 위해, 리더는 개선과 성장을 위한 문화를 조성해야 한다. 팀원들에게 끊임없이 배우고 성장할 수 있는 기회를 제공하고, 이를 통해 변화에 적극적으로 대응하는 자세를 장려해야 한다. 예를 들어, 정기적인 교육 프로그램이나 워크숍을 통해 팀원들이 최신 기술과 트렌드를 배우게 하면, 게으름 대신 학습과 혁신의 문화가 자리 잡을 수 있다.

게으름을 포장하는 것은 조직의 경쟁력을 서서히 약화시키는 독이다. 리더는 이를 인지하고, 게으름을 적극적으로 해결하려는 태도를 가져야 한다. 게으름을 극복한 조직만이 변화와 도전 속에서도 강력한 경쟁력을 유지할 수 있다.

물론, 리더 자신부터 솔선수범의 자세를 보여야 한다. 팀원들이 리더의 태도와 행동을 보고 배우는 경우가 많기 때문에, 리더는 변화와 개선을 위해 노력하는 모습을 보여야 한다. 서번트 리더십(servant leadership)이란 바로 이런 것이다. 행동으로 리드하자.

7-7.
최악의 상황을 대비하라

사업은 항상 예측 불가능한 요소들로 가득하다. 경제적 불황, 시장 변화, 예상치 못한 규제나 자연재해 등 최악의 상황은 언제든 조직을 위협할 수 있다. 리더는 이러한 최악의 시나리오를 두려워하는 대신, 철저히 대비하는 자세를 가져야 한다. 위기 상황에 준비된 조직만이 생존을 넘어 성장으로 나아갈 수 있다.

최악의 상황에 대비하기 위해, 리더는 위험 요소를 최대한 분석해야 한다. 내부적 요인과 외부적 요인을 검토하여, 조직이 직면할 수 있는 다양한 위기 시나리오를 설정해야 한다. 주요 공급망이 중단되었을 때의 대안, 갑작스러운 매출 하락에 대한 대응책, 인력 손실을 최소화하기 위한 계획 등이 이에 해당한다. 이러한 시나리오 계획은 리더가 위기 상황에서도 신속하고 정확하게 대응할 수 있도록 돕는다.

또한, 리더는 비상 자금을 확보해야 한다. 최악의 상황은 자금 부족으로 인해 더욱 악화될 가능성이 크기 때문에, 비상시에 활용할 수 있는 재정적 완충 장치를 마련해 두는 것이 중요하다. 현금 흐름을 안정적으로 관리하고, 예비 자금을 축적함으로써 예상치 못한 위기에도 대응할 수 있는 재정적 유연성을 갖추어야 한다.

최악의 상황에 대비하려면 조직 내 위기 대응 체계를 구축해 보는 것도 좋다. 우선 발생할 수 있는 문제에 대해 팀원들과 함께 논의하거나 해결책을 고민해야 한다. 이렇게 나온 방법으로 훈련과 시뮬레이션을 통해 위기 대응 능력을 강화하는 것은 조직의 회복력을 높이는 데 큰 도움이 된다. 예를 들어, 사이버 공격에 대비한 데이터 복구 연습이나, 공급망 중단 시 대체 조달 방안을 실험적으로 실행해 보는 것이 효과적이다.

최악의 상황을 대비하는 것은 단순히 위험을 피하는 것을 넘어, 조직의 장기적인 안정성과 경쟁력을 확보하는 데 핵심적인 요소다. 리더는 예상치 못한 위기를 기정사실로 받아들이고, 철저한 준비와 실행을 통해 조직을 보호해야 한다. 준비된 조직만이 어떠한 어려움 속에서도 살아남고, 더 강해질 수 있다.

7-8.
성장의 끝을 인정하라

사업에서 성장은 모든 리더가 추구하는 목표지만, 성장의 끝이 반드시 실패나 퇴보를 의미하는 것은 아니다. 리더는 조직의 성장 속도가 줄어들거나 한계에 도달하는 순간을 자연스럽게 받아들이고, 이를 새로운 국면으로 전환하는 기회로 삼아야 한다. 성장의 끝을 인정하지 못하면, 조직은 과도한 욕심과 무리한 확장으로 인해 오히려 위기를 초래할 수 있다.

성장의 끝을 인정하기 위해 가장 먼저 필요한 것은 현재 상황에 대한 명확한 진단이다. 성장 정체의 원인이 외부 환경의 변화인지, 내부적인 한계인지 냉철하게 분석해야 한다. 예를 들어, 포화 상태에 이른 시장에서는 더 이상의 확장이 어려울 수 있다. 이런 상황에서는 무리하게 새로운 시장으로 진출하기보다는, 기존 시장에서의 입지를 강화하거나 운영 효율성을 높이는 방안을 고려해야 한다.

성장의 방향성을 재정립하는것도 필요하다. 조직의 목표를 단순히 매출 증가나 물리적 확장에 두기보다는, 질적인 성장으로 전환하는 것이 필요하다. 예를 들어, 기존 고객의 만족도를 높이고, 제품이나 서비스의 품질을 개선하는 것에 집중하면, 수익성은 유지하면서도 장기적인 경쟁력을 확보할 수 있다.

성장의 한계를 인식하는 과정에서 리더는 조직의 핵심 가치를 재확인해야 한다. 모든 결정은 조직의 근본적인 비전과 미션에 부합해야 하며, 단기적인 성과를 위한 무리한 시도를 피해야 한다. 예를 들어, 한 기업이 비용을 줄이기 위해 품질을 희생하는 결정을 내린다면, 이는 장기적으로 브랜드 가치와 신뢰를 훼손하는 결과를 초래할 수 있다.

여러 가지로 검토했음에도 끝을 인정해야 할 때가 있다. 불가피한 한계에 부딪히고, 더 이상의 해결책이 없다면, 그 상황을 담담히 받아들이는 것이 필요하다. 리더는 자책할 필요 없다. 최선을 다했음에도 안 될 수 있는 게 사업이다. 사업은 단순히 노력만의 결과물이 아닌 운과 시대적 흐름의 종합적 결과물이기 때문이다.

인정하지 않으면 전체 조직이 좌초될 위기로 간다. 위기가 회사를 깊게 휘감고, 상황이 점점 악화될 때 리더는 상황의 심각성을 정확히 판단해야 한다. 발목까지 물이 차올랐을 때는 아직 회복의 여지가 있을 수 있지만, 목까지 차올랐을 때는 이미 상황이 회복 불가능할 수 있다. 많은 리더들이 자신감이나 책임감을 이유로 위기의 끝을 인정하지 못하고, 결국 좌초하는 상황을 종종 본다. 그러나 때로는 끝을 인정하고 현실을 직시할 때, 새로운 해결책이나 전환점을 찾을 수 있게 된다. 이는 리더로서의 지혜와 용기가 필요한 결정이며, 조직을 보호하고 장기적인 성공을 도모하는 데 중요한 역할을 한다.

　성장의 끝은 리더와 조직의 실패를 의미하지 않는다. 오히려 이는 조직을 보호하고 새로운 방향으로 도약할 수 있는 기회다. 리더가 성장의 끝을 인정하고 이를 전략적으로 활용할 때, 조직은 단순한 확장을 넘어 더 깊이 있는 성과와 지속 가능한 성공을 이룰 수 있다. 이러한 태도는 리더십의 성숙함과 조직의 장기적인 생존력을 보여 주는 중요한 지표다.

7-9.
하나도 소홀히 못 한다

사업의 성공은 단 하나의 요소에 의해 결정되지 않는다. 작은 요소 하나라도 놓치거나 소홀히 하면, 전체 시스템에 균열이 생기고 결국 실패로 이어질 수 있다. 리더는 조직 운영의 모든 부분을 세심하게 관리하며, 어떤 것도 소홀히 하지 않는 자세를 가져야 한다. 이는 단순한 완벽주의가 아니라, 지속 가능한 성장을 위한 필수적인 태도다.

리더는 전체적인 시스템을 바라보는 시각을 가져야 한다. 조직의 목표를 달성하기 위해 모든 부서와 프로세스가 유기적으로 연결되어 있다는 점을 이해하는 것이 중요하다. 예를 들어, 마케팅에서 고객을 성공적으로 유치하더라도, 제품 품질 관리나 배송 프로세스에서 문제가 생기면 고객 신뢰를 잃을 수 있다. 리더는 각 부서 간의 연계성을 강화하고, 하나의 문제가 전체에 영향을 미치지 않도록 예방해야 한다.

또한, 작은 디테일에 주의를 기울이는 습관을 길러야 한다. 작은 결함이나 실수는 처음에는 큰 문제가 아닌 것처럼 보일 수 있지만, 시간이 지나면서 누적되어 큰 손실로 이어질 가능성이 크다. 그리고 문제 예방의 핵심이기도 하다. 발생한 문제를 해결하는 것보다, 문제를 사전에 방지하는 것이 훨씬 더 효율적이다. 리더는 정기적인 점검과 검토를 통해 잠재적인 위험 요소를 발견하고, 이를 미리 해결할 수 있는 시스템을 구축해야 한다. 예를 들어, 정기적으로 고객 피드백을 수집하고 이를 기반으로 제품과 서비스를 개선하면, 불만족 고객을 사전에 줄일 수 있다.

이쯤 되면 리더는 슈퍼맨이어야 하는 건가 싶다. 그럼에도 사업에서는 변명이 통하지 않는다. 더 디테일하고, 섬세하게 노력한 리더가 그나마 성공 가능성을 높일 수 있다. 어쩔 수 없는 운과 외부 환경을 탓할 게 아니라 어려운 상황에서도 최선을 다하는 게 리더의 숙명이다.

그래서 필자는 리더가 슈퍼맨이 되길 요청한다. 그래야 진짜 제대로 성장하는 조직을 만들 수 있다.

느림의 경영

초판 1쇄 발행 2025년 7월 10일

지은이 이지운
펴낸곳 드림위드에스
출판등록 제2021-000017호

편집 김일권
교정 드림위드에스
검수 드림위드에스
디자인 박채원
마케팅 위드에스마케팅

주소 서울특별시 강남구 학동로 165, 2층 (신사동)
이메일 dreamwithessmarketing@gmail.com
홈페이지 www.bookpublishingwithess.com

ISBN 979-11-92338-85-9 (03220)
값 14,900원

· 이 책의 판권은 지은이에게 있습니다.
· 이 책 내용의 전부 또는 일부를 재사용하려면 반드시 지은이의 서면 동의를 받아야 합니다.
· 잘못된 책은 구입하신 곳에서 바꾸어 드립니다.